浙江省社科规划课题"亚运背景下浙江省体育产业
本书获宁波大学哲学社会科学精品著作出版经费资助

新时期浙江省体育产业发展特征、方式与路径研究

杨 铄 贾 娜 顾靖文 ◎著

吉林大学出版社
·长春·

图书在版编目（CIP）数据

新时期浙江省体育产业发展特征、方式与路径研究 / 杨铄，贾娜，顾靖文著. -- 长春：吉林大学出版社，2023.4
　　ISBN 978-7-5768-1619-8

Ⅰ. ①新… Ⅱ. ①杨… ②贾… ③顾… Ⅲ. ①体育产业－产业发展－研究－浙江 Ⅳ. ① G812.755

中国国家版本馆 CIP 数据核字（2023）第 068650 号

书　　名：	新时期浙江省体育产业发展特征、方式与路径研究
	XINSHIQI ZHEJIANG SHENG TIYU CHANYE FAZHAN TEZHENG、FANGSHI YU LUJING YANJIU
作　　者：	杨　铄　贾　娜　顾靖文
策划编辑：	卢　婵
责任编辑：	卢　婵
责任校对：	王寒冰
装帧设计：	三仓学术
出版发行：	吉林大学出版社
社　　址：	长春市人民大街 4059 号
邮政编码：	130021
发行电话：	0431-89580028/29/21
网　　址：	http://www.jlup.com.cn
电子邮箱：	jldxcbs@sina.com
印　　刷：	武汉鑫佳捷印务有限公司
开　　本：	787mm×1092mm　1/16
印　　张：	12.75
字　　数：	190 千字
版　　次：	2023 年 4 月　第 1 版
印　　次：	2023 年 4 月　第 1 次
书　　号：	ISBN 978-7-5768-1619-8
定　　价：	68.00 元

版权所有　翻印必究

前　言

建设现代化体育强省、推进体育产业高质量发展，是新时期浙江省实现社会与经济高质量发展的重要支撑，是落实乡村振兴和共同富裕的重要手段，也是浙江省"十四五"规划中明确提出的关键任务。据此，本书聚焦于"十三五"期间浙江省体育产业中的现实问题，对浙江省大型体育赛事中的企业赞助行为（以宁波国际马拉松为例）、浙江省城市体育产业发展方式与路径（以宁波市为例）、浙江省高校体育类专业大学生创业活动、浙江省体育社会组织深度参与体育产业发展等与产业发展相关联的具体问题进行探究。在此基础上，结合"十三五"时期浙江省体育产业发展的数据分析，总结出浙江省体育产业发展的总体特征，并结合全省发展的战略机遇，明确未来浙江省体育产业实现高质量发展的路径选择。具体来说，本书主要包括以下几个部分的内容。

第一章中，以杭州都市区、宁波都市区、温州都市区以及金华—义乌都市区这四个区域内体育产业发展实际情况作为研究对象，在大量查阅、检索和调研浙江省体育产业发展数据的基础上，总结出新时期浙江省体育产业发展的总体特征，审视当前本省体育产业发展中的短板与问题。

第二章中，聚焦浙江省大型赛事中的企业赞助行为，以第二届宁波国际马拉松赛事为典型案例，通过对赞助商的调查访谈以及对赛事赞助行为的具体分析，剖析赞助企业设置不同赞助目标的原因，协助企业优化赞助决策和赞助执行过程。

第三章中，从区域经济学和产业经济学角度出发，关注宁波市体育赛事产业的发展问题，根据宁波市体育赛事发展的现实状况、存在的问题及不足，提出宁波市体育赛事发展路径的目标和选择，为宁波市体育赛事产业发展的路径选择提出对策和建议，探索出一条适合宁波市体育赛事产业的发展之路。

第四章中，关注在创新创业发展大背景下，浙江省体育社会组织参与体育产业创业的现象。在引入创业理论模型的基础上，选取宁波市篮球协会、宁波市游艇行业协会、宁波市围棋协会、宁波市海曙区羽毛球协会等社会组织参与体育产业创业的典型案例，分析不同类型的体育社会组织在项目、服务、资本等要素方面的特征，并给出体育社会组织参与创业、促进创业提升的策略。

第五章中，从创业商机、资源以及团队三个核心要素出发，通过多案例分析的方法，研究浙江省高校体育专业学生创业的影响因素，发现其在创业过程中存在的问题，为高校体育专业学生创业提供相应对策和建议。

需要说明的是，根据"十三五"发展阶段的时间范围和资助项目的研究周期，本书的主要内容完成于2016—2019年期间。因此，除了第一章《"十三五"时期浙江省体育产业发展的区域特征研究》中的数据为最后统一更新和补充完成外，其他章节的数据、案例等，都是以"十三五"时期为主，以呈现"十三五"期间浙江省体育产业发展的现实状态。

目 录

第一章 "十三五"时期浙江省体育产业发展的区域特征研究 ··············· 1

第一节 本章研究背景 ··············· 1
第二节 相关文献概述 ··············· 4
第三节 本章研究方法 ··············· 15
第四节 浙江省体育产业发展区域性特征总体分析 ··············· 18
第五节 浙江省各都市区体育产业发展区域性特征分析 ··············· 31
第六节 结论与建议 ··············· 52

第二章 浙江省大型体育赛事企业赞助行为研究：以宁波国际马拉松为例 ··············· 58

第一节 本章研究背景 ··············· 58
第二节 国内外研究现状 ··············· 62
第三节 企业赞助体育赛事的行为分析 ··············· 70
第四节 我国企业在体育赛事赞助中存在的问题 ··············· 84
第五节 关于提升我国企业体育赛事赞助效益的策略 ··············· 86

第六节　本章结论 ………………………………………… 89

第三章　浙江省城市体育赛事产业发展路径典型案例研究：以宁波市为例 …………………………………… 90

第一节　本章研究背景 …………………………………… 90
第二节　基本概念与相关理论概述 ……………………… 97
第三节　新常态下宁波市体育赛事产业发展路径的选择 ……… 100
第四节　新常态下宁波市体育赛事产业发展现状与问题分析 … 119
第五节　新常态下宁波市体育赛事产业发展路径的实施 ……… 125
第六节　结论 ……………………………………………… 129

第四章　浙江省体育社会组织参与创业提升实践研究 ……… 131

第一节　本章研究背景 …………………………………… 131
第二节　经济转型下体育社会组织实现创业提升的关键环节 … 137
第三节　可供借鉴的体育社会组织创业提升典型案例分析 …… 141
第四节　宁波市体育社会组织创业提升现状 …………… 144
第五节　宁波市体育社会组织创业提升建议 …………… 149

第五章　浙江省高校体育类专业大学生创业行为研究 ……… 152

第一节　本章研究背景 …………………………………… 152
第二节　文献综述 ………………………………………… 157
第三节　研究结果与分析 ………………………………… 171
第四节　高校体育专业学生创业过程中存在的问题 …… 190
第五节　本章结论及建议 ………………………………… 191

结论　新时期浙江省体育产业高质量发展的对策与建议 …… 195

第一章 "十三五"时期浙江省体育产业发展的区域特征研究

第一节 本章研究背景

一、浙江省体育产业发展背景

体育产业的发展水平是一个区域经济发展水平的直接体现，区域内体育产业的飞速发展能够极大地拉动区域内经济的可持续高质量发展，体育产业的发展在满足人们对于体育发展的需求的同时，还可以不断优化体育产业布局，同时可以不断完善体育产业结构。体育产业在不同区域的发展水平并不相同，体育产业的各个行业在同一个区域的发展水平也存在较大的差异性，不同区域内的体育产业的同一行业的发展水平差距也很大。在我国体育产业的发展过程中，出现了"东强西弱"的格局。[1] 在有些区域存在着体育产业的结构不合理的现象，体育产业发展的整体布局存在严重失衡的现象，直接导致体育产业对区域的国民经济GDP拉动率较低；而一些经济水平较高的区域体育产业结构丰富，体育服务业发展迅速，但还有

---

[1] 宋志伟. 浅谈我国区域经济与体育产业的协调发展[J]. 环渤海经济瞭望，2018（5）：53.

一些经济水平较低的区域体育产业结构太过单一，体育服务业发展滞后，远远不能满足人们体育消费的个性化需求。

"十三五"时期是全面推进体育产业飞速发展的关键的5年。[①] 随着体育产业规划政策不断制定、实施和完善，体育产业政策的前瞻性和引领性作用日益突显，体育产业的发展对促进当地经济的高质量发展以及优化地区产业结构有着越来越重要的作用。这不仅使得体育产业发展的规模不断壮大，体育产业的结构不断优化，而且极大地提高了人民群众的体育消费热情。《浙江省体育发展"十三五"规划》中明确提出了"体育强省"的区域性目标，同时也表示"十三五"是浙江省体育发展的重要机遇期、改革攻坚期，推进浙江省体育与当地经济社会同步协调发展，保持浙江体育在全国的领先优势。浙江省内各市政府机构紧随其后，根据浙江省体育事业发展在"十三五"时期的总体规划，结合各市体育发展的实际现状，陆续印发了本市的体育发展"十三五"规划。体育产业是现代社会发展的一股新兴力量，浙江省各市要紧紧抓住这个机遇，努力打造浙江省各市体育特色产业，提高浙江省及各都市区的知名度，以促进各区域内体育产业的高质量发展。

虽然浙江省政府和浙江省体育局先后制定了一些鼓励支持本地体育产业发展的规划，但体育产业政策具体的引领作用因为区域的实际状况不同而产生不同的引领效果。浙江省各区域的经济发展实力、社会发展情况、文化底蕴以及自然环境情况存在着差异性，这些因素造成了各区域体育产业发展水平和发展规模存在严重的不平衡不充分性，从而影响本区域整体产业结构的优化和调整。因此，需要浙江省各地区政府机构能够正确把握各区域体育产业的精准定位，为本区域体育产业的高质量发展提供有力的政策支持，从而使投资者更加坚定为体育产业投资的决心和信心。但是在浙江省的某些地区，体育产业的定位依然不够明确，也缺乏长远的体育产

---

① 黄海燕，张林，陈元欣，等．"十三五"我国体育产业战略目标与实施路径［J］．上海体育学院学报，2016，40（2）：13-18.

业发展规划和目标，并且由于忽视了本区域内体育发展的区位资源优势以及经济发展的实际情况等因素，而且盲目地效仿其他区域的体育产业发展的成功案例，从而限制了体育产业健康有效地发展。

二、本章主要研究问题

本章以"十三五"期间杭州都市区、宁波都市区、温州都市区以及金华—义乌都市区这四个区域内体育产业规划政策以及体育产业发展实际情况作为研究对象，通过对浙江省各都市区域内体育产业政策规划以及体育产业的发展现状进行对比分析研究，得出"十三五"时期浙江省各区域体育产业的发展区域性特征，以此为浙江省各区域发展体育特色产业的选择提供参照依据，进而明确浙江省各区域体育产业的发展的准确定位，确定不同的区域的体育产业特色。在此基础上，提出适合浙江省各区域体育产业高质量发展的对策建议。目的在于合理调整优化浙江省各市体育产业总体结构布局，整合浙江省各市的体育产业资源，进而推动浙江省体育产业发展寻找新的增长点，以便更好地促进浙江省的体育产业的高质量发展，从而更好地发挥浙江省体育产业对国民经济 GDP 的拉动作用。

浙江省属于我国长江三角洲经济区，是一个水源充沛、具备区位优势、交通发达、文化沉淀厚实的省份[1]，为本省体育产业的高质量发展提供了很好的经济优势和区位文化优势。浙江省的体育产业的发展主要是立足自身独有的区位优势和特殊的地理位置优势来不断实现区域内体育产业的结构优化配置以及体育产业的高质量发展的。基于此，浙江省在发展区域体育产业的同时有必要借助自身区域的优势条件，整合区域内的具有优势的资源和环境来发展具有自身特色的体育产业，挑选符合自身区域特色的体育产业的发展方式，从而促进区域内体育产业和其他产业的有效融合和发

---

[1] 裘静芳. 浙江省体育产业现状及发展对策［J］. 绍兴文理学院学报（哲学社会科学版），2009，29（3）：118-120.

展，最终实现区域经济和体育产业的高质量可持续发展。浙江省区域体育产业的有效发展客观上促进了全省体育事业不断进步，为其高质量发展提供重要的资金支持，对规划全省体育产业布局，优化全省体育产业结构有着非常重要的意义。

第二节　相关文献概述

一、基本概念界定

（一）体育产业

学者对于体育产业的概念有着不同的界定，闻佳明[①]认为"体育产业是指生产体育产品和精神产品，提供体育服务的各行业的总和"。罗建英[②]认为"体育产业是指利用体育自身功能及辐射作用创造价值的产业，是为社会提供体育产品的同一类经济活动的集合和经济部门的总和"。荆林波[③]认为"体育产业是以体育资源为基础，以体育活动为载体，以向社会提供有关物质产品和服务为收入来源的经营性的各种行业的总和"。本研究认为，体育产业是指以体育自身资源为基础，结合地区的人文环境和自然环境，生产销售体育的物质产品以及相关服务产品的各种经济行为活动的总和。

---

① 闻佳明. 浙江省体育产业发展现状、问题及对策研究［J］. 企业导报，2014（4）：107，109.

② 罗建英. 浙江省体育产业发展的比较优势分析［J］. 杭州师范学院学报（自然科学版），2006（3）：229-231.

③ 荆林波. 我国体育产业发展现状、问题与对策建议［J］. 南京体育学院学报（社会科学版），2016，30（4）：1-10.

（二）体育产业政策

对于体育产业政策的概念，林建君[①]认为"体育产业政策是政府运用一定的经济手段，通过干预、规划、引导等多种手段促进体育产业发展的系列政策法规"。鲍明晓[②]认为"体育产业政策是国家干预体育产业发展的一种经济政策，也是国家宏观领导、调控、优化和监督体育产业发展和运行的重要依据和手段"，"对体育产业发展具有资源配置优化和引导性作用"[③]。本研究认为，体育产业政策是由各地政府及体育相关部门通过规划、制定，以及印发体育产业相关政策法规，对当地体育产业发展具有引领和监督的作用。

（三）区域性特征

陈葵[④]认为"区域体育是指在一定行政区内或几个地区相邻在一起、相似性比较明显的行政区联合组成的区域的体育"。本研究认为，体育产业的区域性特征是指特定地理范围内的体育产业在结构、布局、经济效应等方面表现的特征。本研究从浙江省全省、浙江省四人都市区以及浙江省各市三个层面，着重以体育产业对国民经济GDP拉动率作为主要评价指标来体现浙江省各地体育产业经济效应的区域性特征，以体育服务业增加值占体育产业增加值的比率和体育制造业增加值占体育产业增加值的比率作为主要评价指标来体现浙江省各地体育产业结构的区域性特征，以举办体育赛事的主要地区和体育特色小镇的主要地区作为评价指标来体现浙江省

---

① 林建君. 中国与主要发达国家体育产业政策发展及比较研究[D]. 宁波：宁波大学，2012.

② 鲍明晓. 体育产业政策论纲[J]. 北京体育师范学院学报，1996（3）：5-10.

③ 丛湖平，郑芳，童莹娟，等. 我国体育产业政策研究[J]. 体育科学，2013，33（9）：3-13.

④ 陈葵. 我国区域社会与区域体育协调发展机制研究[D]. 长沙：湖南师范大学，2013.

各地体育产业布局表现的区域性特征。

二、国外研究综述

国外的体育产业的发展起步比较早，体育产业的发展已经相对比较成熟，关于体育产业已经有很多学者进行了大量的研究，并且取得了很多的科研成果。Cardwell[1]对体育用品制造业对区域体育产业发展和区域经济发展的影响做了研究。Mc Kenna[2]主要从体育设施有效利用率，以及人们参与体育活动的程度，对体育产业和其他相关产业的区域活动进行了详细的描述研究。Mahony 和 Howard[3]通过将当下体育产业的发展状况作为依据，对体育产业的未来的发展定位进行预测，认为"体育产业的有效发展应当充分合理地利用优势的资源，大力培育新型的体育产业，发挥多重效应，才能极大地提高体育产业的发展可视化和知名度"。Mark Mc Donald[4]指出，体育的发展给体育产业的区域市场以及其他相关产业的区域市场带来了巨大的发展机遇，不断涌现出新的体育咨询行业和专业的体育营销机构。Cher L. Bradish[5]认为"在体育产业的区域发展的过程中体育营销是一

---

[1] Cardwell D E. Sports Facilities & Urban Redevelopment [J]. Marquette Sports Law Review, 2000, 10 (2): 417.

[2] Mc Kenna B. Report No. 2-PARTICIPATION IN REGIONAL SPORT AND RECREATION [J]. Northern Tasmanian Municipal Organisation, recreation committee, 2000.

[3] Mahony D F, Howard D R. Sport business in the next decade: a general overview of expected trends [J]. Journal of Sport Management, 2001, 15 (4): 275-296.

[4] Mc Donald M, Mihara T, Hong J B. Japanese spectator sport industry: Cultural changes creating new opportunities [J]. European Sport Management Quarterly, 2001, 1 (1): 39-60.

[5] Cher L. Bradish C L, Stevens J A, Lathrop A H. National versus regional sports marketing: an interpretation of 'think globally, act locally' [J]. International Journal of Sports Marketing, 2003, 5 (3): 209-225.

种发展趋势"。Moss[1]通过研究网络、体育系统、体育迷的倾向性等这些因素对区域体育产业发展的影响，对体育产业的区域发展进行分析研究。Olukolade O. Ehinmosan[2]提到2020年7月28日，由尼日利亚经济峰会集团（NESG）、联邦青年和体育部和关键部门利益相关者组成的体育产业工作组（SIWG）向尼日利亚青年和体育发展部部长提交了《国家体育产业政策（NSIP）》草案文件，这一草案的提出代表着尼日利亚体育思维模式从单纯的娱乐活动转变为经济中的新兴主要商业部门。2012年，由欧盟委员会主导进行的一项研究"关于体育对欧盟经济增长和就业贡献"的报告中，研究团队以欧盟委员会制定的《欧洲2020年战略》为政策基础，评估了体育产业对欧盟27国的宏观经济发展的重要性，特别是在促进经济增长和就业方面的潜力。[3]

三、国内研究综述

（一）关于我国体育产业的研究综述

易剑东等[4]全面概述了我国体育产业政策的发展历程、一些可突破的关键点，以及以往体育产业政策的实施情况，提出了将体育产业上升为战

---

[1] Moss D. Regional Sports Networks, Competition, and the Consumer [J]. Loy. Consumer L. Rev., 2008, 21: 56.

[2] Olukolade O. Ehinmosan. Nigeria: Highlights Of The 2020 National Sports Industry Policy (NSIP) [EB/OL]. (2020-09-04). https://www.mondaq.com/nigeria/sport/982128/highlights-of-the-2020-national-sports-industry-policy-nsip.

[3] The European Commission, Directorate-General Education and Culture. Study on the contribution of sport to economic growth and employment in the EU [EB/OL]. (2013-07-24). https://op.europa.eu/en/publication-detail/-/publication/5da6b1f7-bc27-4bd5-9ed0-cba97a08b433.

[4] 易剑东，郑志强，詹新寰，等. 中国体育产业政策研究：总览与观点 [M]. 南昌：社会科学文献出版社，2016：256-278.

略性新兴产业等新观点，探索体育与其他业态融合发展等建议。吴香芝[①]在2018年提出，体育服务业的有效发展是体育产业发展的必不可少的内容，有关政策的完善和拓展对体育服务业的有效发展有着非常重要的作用。同年，冯国有[②]在《中国体育产业发展财政政策支持研究》中从财政学的视角对中国体育产业发展的政策问题进行透视研究，分析了我国体育产业发展存在的与财政政策的有关的影响因素，提出了体育产业发展的财政政策的优化建议。陈晓峰[③]认为体育产业政策的环境由社会经济状况、体制及制度条件和国际环境三个因素组成。体育产业的政策运作过程实际上是一个反映过程，它将把权威性的政策体系部署到政府的体系当中。丛湖平等[④]认为体育产业政策的结构不平衡和供给不充分的现象在我国体育产业飞速发展的过程中普遍存在，体育产业的飞速发展，需要体育产业政策的有效提供和有效引领。黄海燕等[⑤]提出体育产业的高质量的发展需要不断地深化重点领域的改革、不断优化体育的产业结构、不断改善体育产业的布局、积极培育体育的市场主体、不断推进体育产业与其他产业的有效融合发展。廖培[⑥]指出我国体育产业的结构欠合理，应当根据当地实际情况，有序地推进体育产业的稳步协调发展，不断完善体育的市场体系，加强推进体育产业的政策不断完善。惠秋丽在《我国体育产业现状及发展状况》

[①] 吴香芝. 我国体育服务产业政策及发展对策研究［M］. 北京：中国社会科学出版社，2018：136-142.

[②] 冯国有. 中国体育产业发展财政政策支持研究［M］. 北京：经济科技出版社，2018：125-136.

[③] 陈晓峰. 我国体育产业政策环境分析——基于国家治理的视阈［J］. 中国体育科技，2018，54（2）：3-14，50.

[④] 丛湖平，郑芳，童莹娟，等. 我国体育产业政策研究［J］. 体育科学，2013，33（9）：3-13.

[⑤] 黄海燕，张林，陈元欣，等. "十三五"我国体育产业战略目标与实施路径［J］. 上海体育学院学报，2016，40（2）：13-18.

[⑥] 廖培. 我国体育产业现状与发展前景［J］. 体育学刊，2005，12（4）：28-31.

中认为，在加快体育产业的发展、提高全民参与体育的比率、增强社会各界的体育意识、建设和完善体育公共设施以及拓宽整合各种体育场馆、体育场地等体育设施开放的过程中，都需要社会各相关部门的共同努力。

黄海燕[①]认为，在推进体育产业发展时，需要不断转变人们的体育观念、积极推进体育运动产业的有效发展、加快体育产业的有效融合发展、积极构建产业的服务平台、不断优化产业的发展环境。胡用岗等[②]提出我国体育产业的发展存在着体育市场的核心竞争力匮乏、强劲体育政策的扶持力度缺乏、科学的体育管理和社会体制有效制约的不充分，要求我们积极培养大众的体育观念意识，提高大众的体育的消费；不断夯实产业市场的核心竞争力；适度减轻社会体制对体育产业的约束；不断拓宽产业政策的扶持力度。卢嘉鑫和张社平[③]认为，传统计划经济体制的持续改革，唤醒了人们的个体利益需求，但是传统的体育发展模式不能满足体育事业发展的需求，这就要求建立更加动态的体育事业的管理机制。杨斌和回军[④]认为，我国体育产业的发展需要加强推进体育体制的有效改革，不断提升体育产业市场化程度、持续改进体育产业结构等几个方面，深化推进产业保障机制。赵轶龙和戴腾辉[⑤]认为，体育产业在自身的发展过程中，应当充分地发挥体育产业政策的科学引领作用，深入地落实体育产业的相关政策。杨

---

① 黄海燕. 新时代体育产业助推经济强国建设的作用与策略［J］. 上海体育学院学报，2018，42（1）：20-26.

② 戴朝，胡用岗. 我国体育产业发展的现状及前景研究［J］. 当代体育科技，2013（1）：91-92.

③ 卢嘉鑫，张社平. 体育产业发展——理论与政策［M］. 北京：北京大学出版社，2018：89-102.

④ 杨斌，回军. 新时代我国体育产业发展瓶颈及保障机制研究［J］. 福建体育科技，2019，38（2）：20-23.

⑤ 赵轶龙，戴腾辉. 我国体育产业发展过程中的区域性特征分析——基于现有省际数据［J］. 中国体育科技，2019，55（4）：31-42，80.

锋和王小刚[1]提出我国体育产业欠缺合理的产业的结构，体育赛事的职业化商业化欠缺。需要扩大体育产业的消费，加强体育专业人才的建设，加强体育产业的商业化，带动产业的专业化。

（二）关于省级以上区域体育产业的研究综述

随着体育产业的快速发展，越来越多的学者开始把学术研究方向转向省级以上区域的体育产业发展研究领域。李洪梅[2]根据区域资源的优势来调整产业的布局，促进京津冀区域内体育旅游业的有效协同发展。周正宏等[3]认为各省市需要着重关注体育产业集聚发展的规划，应当避免体育产业内部结构的趋同性，根据区域优势进行差异性的体育产业的集聚规划。陶文渊等[4]用偏离—份额分析法对我国东部省份的体育产业的结构进行分析，认为各地应该根据各区域的区位优势特征，有重点地发展各区域的体育产业。高雪梅[5]提出长三角体育用品制造业的区域发展存在着企业的整体规模小、加工工艺的技术水平低、产品的研发能力较弱、自主创新的能力严重不足等问题，这些问题都严重制约了长三角体育用品制造企业的发展。她认为要促进长三角体育用品制造业的区域合作与发展，必须实现体育用品制造大区向品牌强区的转型，必须加强体育用品的区域规划，加强

---

[1] 杨锋，王小刚. 体育产业在新时代、新历史时期下对社会经济的促进作用[J]. 经济研究导刊，2019（3）：39-40.

[2] 李洪梅，曹焕男，哈彤，等. 京津冀区域体育旅游协同发展研究[J]. 旅游纵览（下半月），2018（5）：100，102.

[3] 周正宏，李行云，陈若愚. 区域体育产业集聚与增长的政策效应——基于合成控制法的分析[J]. 财经科学，2018（7）：121-132.

[4] 童莹娟，陶文渊，丛湖平. 我国东部省份体育产业的行业结构布局及政策研究[J]. 体育科学，2012，32（2）：39-49.

[5] 高雪梅. 基于长三角区域经济的体育用品制造业合作与发展研究[J]. 四川体育科学，2012（6）：13-15.

体育制造业的行业整合和加强体育产品的研发能力等方面。李亚慰[①]在《区域体育经济产业布局与结构研究——以长江三角洲地区为例》中，进行了长三角区域体育产业发展趋势的推导，对已经存在的或可能存在的体育产业"增长极地区"或"增长极产业"的产业业态现状进行分析、预测长三角区域体育的发展的趋势。

徐开娟和黄海燕[②]从区域体育产业的发展角度出发，提出长三角地区未来体育产业高质量发展的方向。高雪梅和郝小刚[③]认为，长三角体育产业的区域发展，需要培育提升体育本体产业和带动其他相关产业相结合，积极开发体育有形资产与无形资产的结合，以及政府推动与市场拉动的结合。同时，高雪梅和郝小刚[④]在《自贸区建设区域优势下长三角体育产业战略合作与发展研究》中认为长三角区域内体育产业的高质量发展应该通过创新机制建立体育产业的共同发展平台，建立齐全的体育产业专业的市场化体系和相通的体育产业基地。温阳等[⑤]在《长三角体育赛事区域发展现状和趋势研究》中对长三角两省一市的历年来举办的国内外重大体育赛事进行整理归纳，提出江浙沪地区的体育赛事应当实现阶梯联动发展、商业化和品牌化的发展。

---

① 李亚慰. 区域体育经济产业布局与结构研究［D］. 苏州：苏州大学，2014.

② 徐开娟，黄海燕. 长三角地区体育产业发展态势、经验与建议［J］. 中国体育科技，2019，55（7）：45-55.

③ 高雪梅，郝小刚. 长三角体育产业区域发展思路与对策研究［J］. 河北体育学院学报，2011，25（4）：9-11.

④ 郝小刚，高雪梅. 自贸区建设区域优势下长三角体育产业战略合作与发展研究［J］. 河北体育学院学报，2015，29（1）：17-20.

⑤ 温阳，余方亮，于文兵. 长三角体育赛事区域发展现状和趋势研究［J］. 南京体育学院学报（社会科学版），2016，30（1）：60-67.

（三）关于省级及以下区域体育产业的研究综述

对于省级及以下区域的体育产业发展，近年来也有学者投入这个领域的研究。魏萍[1]在《从省运会看湖北体育区域特征与发展》中对湖北省的不同区域间的体育水平和体育项目的区域分布的特征进行深入分析，发现湖北省全民健身体育在各区域间的发展存在较大差异，需要不断增加区域间的联系，不断缩小区域间的差异，努力增加区域的竞技水平。滕刚[2]在《河南区域特色体育文化与高校体育资源协同发展现状调查》中提出河南省建立特色区域体育资源和高校体育资源的协同发展和创新的平台。史文朝[3]通过对黑龙江省三大区域特色体育进行探究，发现黑龙江省区域特色体育有着较强的联动性，引领着整个区域的体育产业经济的快速发展。可以培育带有区域特色的体育产业集群，努力完善体育产业的规划政策，加大对区域特色体育的投资力度，加快有区域特色体育基础设施建设，突出区域体育产业的优势，不断优化区域体育产业的结构，加快区域特色的优势体育产业发展。刘晓艳[4]在《吉林省体育产业格局现状及特征分析》中以吉林省体育产业格局的现状特征为研究对象进行探索研究，发现吉林省体育产业需要进行产业优化升级，并且需要选择适合吉林省省域特征的发展路径和发展模式。许实[5]以辽宁省各个城市的经济水平为依据，对群众体育发展进行区域划分，总结群众体育的区域发展特点，坚持群众体育发展的区域特色，加快辽宁省群众体育统计系统的建设，加速辽宁体育产

---

[1] 魏萍. 从省运会看湖北体育区域特征与发展［D］. 荆州：长江大学，2015.

[2] 滕刚. 河南区域特色体育文化与高校体育资源协同发展现状调查［J］. 农村经济与科技，2018，29（4）：158-159.

[3] 史文朝. 黑龙江省区域特色体育产业发展研究［D］. 哈尔滨：哈尔滨体育学院，2015.

[4] 刘晓艳. 吉林省体育产业格局现状及特征分析［J］. 现代营销（下旬刊），2015（8）：82-83.

[5] 许实. 辽宁省群众体育产业的区域格局特征及其发展模式研究［D］. 大连：辽宁师范大学，2011.

业相关地方法规的建设。

鞠庆东[①]在《闽浙体育产业比较研究》中通过对浙江省和福建省的体育产业发展进行对比和分析，提出浙江省和福建省的体育产业的发展水平和两者的经济发展水平有着密切的联系。蔡宝家[②]通过对福建省晋江运动鞋的产业集群进行研究分析，提出我国的中小型体育用品虽然企业数量较多，但是企业规模小、企业产品的技术水平低并且缺乏充足的国际竞争能力。杨涛[③]以陕西省的不同区域内的体育产业的发展现状为研究对象，通过研究分析，得出符合陕西省各区域特色的体育产业发展模式。罗建英[④]在《浙江省体育产业发展的比较优势分析》中，研究了浙江省发展体育产业的比较优势，着重从体育产业制度的创新、浙江省经济的发展水平和体育产业的结构以及区位自然资源等维度进行分析。周岩松[⑤]发现浙江省的体育用品企业需要加强企业的内部管理，优化企业的人才架构，注重提高企业的自主创新能力，加强企业品牌意识的形成，做到国际国内两个市场同时发展。舒宗礼和夏贵霞[⑥]认为处理地区的体育旅游业发展失衡的主要途径就是实现区域的体育旅游融合发展，也是实现区域体育旅游的规模经营的必备条件。易珊[⑦]认为，对长沙市体育产业的消费市场进行划分，根据不同层次消费者对体育用品的需求来加大体育用品的开发及生产，从而

---

① 鞠庆东. 闽浙体育产业比较研究［J］. 宜春学院学报，2010，32（S1）：61-62.

② 蔡宝家. 区域体育用品产业集群实证研究［J］. 上海体育学院学报，2006（1）：31-34.

③ 杨涛. 陕西省不同区域体育产业发展模式研究［J］. 中国体育科技，2009（5）：94-98.

④ 罗建英. 浙江省体育产业发展的比较优势分析［J］. 杭州师范学院学报（自然科学版），2006（3）：229-231.

⑤ 周岩松. 浙江省体育用品企业现状和发展对策［J］. 浙江体育科学，2010，32（5）：32-34.

⑥ 舒宗礼，夏贵霞. 区域体育旅游协同发展模式与实现路径——以洞庭湖生态经济区为例［J］. 城市学刊，2017，38（5）：7-13.

⑦ 易珊. 社会分层视角下长沙市居民体育消费特征研究［D］. 长沙：湖南师范大学，2011.

助长了不同层次居民的体育消费热情。在《沿海城市体育产业发展现状、问题及对策研究——以浙江省温州市为例》中，吴宝升[①]通过对温州体育产业进行全面的调查与研究分析，提出温州市体育产业存在着内部结构欠合理，优势产业部门的发展比较缓慢的弊端。

四、国内外相关研究评述

各个领域的学者都从各自不同的视角对体育产业和区域体育产业进行了研究，针对不同的问题提出了相应的建议和对策，对本研究提供了很好的借鉴作用。但是，由于国外的体育产业起步较早，发展水平较高，因此针对区域特色的体育产业研究并不多；而国内学者对区域特色体育产业的研究则缺乏比较系统化的分析。上述国内外学者对体育产业研究的综述对本研究有以下启示：①已有文献无论是从全国范围，省级以上还是省级及以下区域来看，都着重在研究体育产业规划或者体育产业实际发展过程中的分析研究，没有学者同时从这两个方面来进行分析研究，也没有学者把这两者进行对比。②已有关于浙江省的体育产业的文献，没有对浙江省内各市的体育产业规划及实际发展进行对比。因此，基于以上两点，本章确立写作思路和方法。

---

① 吴宝升. 沿海城市体育产业发展现状、问题及对策研究——以浙江省温州市为例［J］. 北京体育大学学报，2010，33（10）：8-12.

第三节 本章研究方法

一、文献资料法

为了能够更好地了解国内外体育产业的发展现状以及体育产业政策的研究现状,笔者大量检索宁波大学图书馆数据库、中国知网(CNKI)、中国优秀硕博论文库、华奥星空、浙江省体育局、浙江省人民政府官网、浙江省统计局、杭州市体育局、杭州市统计局、宁波市体育局、宁波市统计局,温州市体育局、温州市统计局、金华市体育局、金华市统计局,绍兴市柯桥区教育体育局等浙江省各级政府、体育局和统计局官网等互联网电子资源,广泛查阅体育产业政策的相关信息,对于和本研究相关的文献资料进行了广泛的搜索和收集整理,并对所收集的文献资料进行分类总结,从中分析汇总出与本研究相关的资料信息,为本研究提供可靠的理论依据和借鉴作用。

二、政策分析法

为了更好地对"十三五"期间浙江省及各市体育产业发展区域性特征做出评判,本研究以"十三五"时期浙江省及各市印发的体育产业发展"十三五"规划为依据,对浙江省各市"十三五"规划的制定以及实施进行定量和定性分析。"十三五"时期,浙江省规划"围绕杭州、宁波、温州、金华—义乌四大都市区,发挥体育区域性资源集中的优势,构建以四大都市区为核心的都市体育产业功能区"[①]。浙江省及各都市区内各市的体育产业发展"十三五"规划是根据国家和浙江省体育发展的总体部署,根据当地体育产业发展的实际情况印发的。在这些规划中,都市区内有些

---

① 浙江省体育局. 浙江省体育产业发展"十三五"规划[EB/OL].(2016-10-27). http://tyj.zj.gov.cn/art/2016/10/11/art_1229262681_2162683.html.

市提出了描述性的区域性指标，有些市提出了具体数字性的区域性指标，有些市既提出了描述性的区域性指标也提出了具体数字性的区域性指标。本研究通过对浙江省以及各都市区内各市体育产业发展规划中的描述性的区域性指标进行定性分析以及体育产业发展规划中具体数字性的区域性指标进行定量分析，来了解浙江省及各都市区的体育产业发展的区域性目标。浙江省及各都市区内各市出台的体育产业政策详见表1.1。

表1.1 "十三五"时期浙江省及各市制定相关的体育产业政策

省市	发布机构	政策规划
浙江省	浙江省体育局、浙江省发改委	《浙江省体育发展"十三五"规划》
	浙江省体育局	《浙江省体育赛事管理办法》
	浙江省人民政府	《关于加快发展体育产业促进体育消费的实施意见》
	浙江省人民政府	《浙江省人民政府办公厅关于推进足球改革发展的实施意见》
杭州市	杭州市人民政府	《杭州市人民政府关于加快发展体育产业促进体育消费的实施意见》
	杭州市体育局	《杭州市体育发展"十三五"规划》
嘉兴市	嘉兴市发展和改革委员会、嘉兴市体育局	《嘉兴市体育事业和体育产业发展"十三五"规划》
湖州市	湖州市体育局	《湖州市体育事业"十三五"发展规划》
温州市	温州市体育局	《温州市体育事业及体育产业发展"十三五"规划》
	温州市人民政府	《温州市全民健身实施计划（2016—2020年）》
台州市	台州市人民政府	《台州市全民健身实施计划（2016—2020年）》
	台州市人民政府	《台州市人民政府关于加快发展体育产业促进体育消费的实施意见》
丽水市	丽水市体育发展服务中心	《丽水市体育发展"十三五"规划》
	丽水市人民政府	《丽水市全民健身实施计划（2016—2020年）》
金华市	金华市人民政府	《金华市全民健身实施计划（2016—2020年）》
衢州市	衢州市体育局	《衢州市全民健身实施计划（2016—2020年）》
绍兴市	绍兴市体育局、绍兴市发展和改革委员会	《绍兴市体育事业发展"十三五"规划》
	绍兴市柯桥区教育体育局	《柯桥区体育产业发展"十三五"规划》
宁波市	宁波市体育局	《宁波市体育事业"十三五"发展规划》
	宁波市人民政府	《宁波市人民政府关于加快发展体育产业促进体育消费的实施意见》
舟山市	舟山市体育局	《舟山市体育发展"十三五"规划》

三、数理统计法

为了能够准确地把握浙江省及各都市区体育产业发展的区域性特征，本章通过对浙江省以及各都市区内各市体育产业实际发展中的数据进行统计得到：体育产业总产出，体育产业增加值占地区 GDP 的比率，体育产业对地区 GDP 的拉动率[1]，体育服务业增加值占体育产业增加值的比率，以及体育制造业增加值占体育产业增加值的比率等区域性指标，具体的计算公式如图 1.1 所示。

$$体育产业增加值占 GDP 的比率 = \frac{体育产业增加值}{GDP 总量} \quad （公式 1.1）$$

$$体育产业对 GDP 的拉动率 = \frac{体育产业增加值}{去年 GDP 总量} \quad （公式 1.2）$$

$$体育服务业增加值占体育产业增加值的比率 = \frac{体育服务业增加值}{体育产业增加值} \quad （公式 1.3）$$

$$体育制造业增加值占体育产业增加值的比率 = \frac{体育制造业增加值}{体育产业增加值} \quad （公式 1.4）$$

图 1.1 区域性指标的计算公式

有效把握体育产业区域性特征的关键在于体育产业统计数据的真实有效性。为了保证体育产业统计数据的真实性和有效性，本研究所用到的相关数据主要来自浙江省及各市体育局及统计局官网，有些数据来自政府网站或华奥星空。下文研究过程中所涉及的各市的地区国民生产总值、体育产业总产出、体育产业增加值等经济发展数据均来自浙江省及各市体育产业统计公报和年度工作总结。没有特殊的说明，本研究涉及的数据都是来自上述的官方数据。浙江省及各都市区各市体育产业数据来源详见表 1.2。

---

[1] 熊健益，张勇. 谈"贡献率"与"拉动率"的计算［J］. 中国统计，2017（9）：38-40.

表 1.2　浙江省及各市体育产业数据来源

省市	数据年份	数据来源
浙江省	2016—2020 年	浙江省体育局，浙江省统计局，华奥星空
杭州市	2016—2020 年	杭州市体育局，杭州市统计局
嘉兴市	2016—2020 年	嘉兴市体育局，嘉兴市统计局
湖州市	2016—2020 年	湖州市体育局，湖州市统计局
绍兴市	2016—2020 年	绍兴市体育局，绍兴市统计局
宁波市	2016—2020 年	宁波市体育局，宁波市统计局
舟山市	2016—2020 年	舟山市文化和广电旅游体育局，舟山市统计局
台州市	2016—2020 年	台州市体育事业发展中心，台州市统计局
温州市	2016—2020 年	温州市体育局，温州市统计局
丽水市	2016—2020 年	丽水市体育发展服务中心，丽水市统计局
金华市	2016—2020 年	金华市体育局，金华市统计局
衢州市	2016—2020 年	衢州市体育局，衢州市统计局

四、逻辑分析法

用类比、归纳、推理等逻辑分析方法，对收集的数据信息进行定量和定性的更深层次的探讨和研究，将浙江省以及各都市区内各市"十三五"时期体育产业政策规划中的经济指标和体育产业发展过程中的经济指标进行对比；浙江省以及各都市区内各市"十三五"体育产业政策规划的总体发展目标和体育产业发展的现状进行对比，找出浙江省体育产业发展过程中取得的成就和不足之处。最后提出浙江省及各都市区体育产业发展的可行性路径。

第四节　浙江省体育产业发展区域性特征总体分析

一、浙江省体育产业发展的区域划分

根据《浙江省体育发展"十三五"规划》，浙江省将以杭州市、宁波市、温州市、金华市这四个城市为核心构建四大都市区，充分发挥四大都市区内体育区域性资源集中的优势，构建四大都市体育产业功能区。根据浙江

省政府进行的描绘，四大都市区所包含的城市以及四大都市区的经济影响圈具有各自不同的特点，每个都市区都具有其地理环境优势和区位优势。[1] 具体来说，包括以下3个方面。

第一，浙江省四大都市区的区划范围：杭州都市区是第一大都市区，以杭州市为核心，包括嘉兴市、湖州市、绍兴市；宁波都市区是以宁波市为核心，主要包括舟山市、台州市；温州都市区中心是温州市；金华—义乌都市区中心是金华市。虽然丽水市的缙云县和青田县分别属于金华—义乌都市区和温州都市区的规划范畴，但是丽水市的大部分其他地区和衢州市不属于四大都市区的规划范畴。在四大都市区的规划中涉及了关于四大都市圈的规划，衢州市处于杭州都市区和金华—义乌都市区的经济圈影响范围内，丽水市处于温州都市区和金华—义乌都市区的经济圈的影响范围内。

第二，浙江省四大都市区的划分，体现了各个都市区的区位优势。根据《浙江省体育发展"十三五"规划》，浙江省体育产业的发展需要立足于当地体育产业的发展比较优势，重点突出区域性特色体育产业的发展。杭州都市体育产业功能区以冲积平原为主，充分利用京杭运河、钱塘江，以及太湖等区域内的水资源优势，所以杭州都市区以发展水上运动休闲体育产业为主；宁波都市区内各市体育产业功能区都是沿海而建，充分发挥区域性海洋资源丰富的优势，以发展海洋体育产业为主，积极推进区域性海洋体育产业发展；温州都市体育产业功能区和金华—义乌都市体育产业功能区受山地地形因素的影响，可重点发展山地运动休闲产业。

第三，浙江省各城市都在四大都市区的经济圈影响范围内，所受影响各不相同。从四大都市区的经济圈影响范围可以看出，杭州都市区的经济圈影响范围最大，宁波都市区次之，第三位的是温州都市区，最后是金华—义乌都市区。这四大都市区的经济圈的影响范围大小是各都市区的经济发

---

[1] 浙江新闻. 定了！浙江四大都市区这样建［EB/OL］.（2019-02-21）. https://zj.zjol.com.cn/news/1141700.html.

展水平的直观表现，衢州市和丽水市的经济发展水平比较低，因此未能单独形成都市区，但这两个城市的发展也与温州都市区、金华—义乌都市区有着密切的关联。

二、浙江省体育产业发展区域性目标分析

在对浙江省"十三五"期间体育产业发展区域性特征进行分析之前，本研究首先对浙江省及各都市区内各市在"十三五"初始阶段提出的区域性发展目标进行归纳和提炼，从而为本章研究"十三五"末期浙江省及各都市区体育产业发展区域性特征分析提供理论依据和目标参照。

浙江省位于长江三角洲地区，《中华人民共和国国民经济和社会发展第十四个五年规划和2035年远景目标纲要》（简称"十四五"规划）提出，要建设浙江高质量发展"共同富裕示范区"。浙江省体育产业的高速发展要基于自身的优越资源的区域性优势，大力推进各区域的运动休闲基地的建设，加大开展运动休闲品牌赛事的活动力度，同时加强长三角区域体育赛事的联动发展，加快长三角体育产业的一体化进程。为了能够更好地实现浙江省"体育强省"的"十三五"区域性目标，同时为实现"共同富裕示范区"的"十四五"区域性目标打下坚实的基础，在"十三五"时期，浙江省政府和省体育局共同出台了体育产业发展的规划政策，积极推进浙江省体育产业与经济社会同步发展，推进浙江省区域体育产业的高质量可持续的发展。结合表1.3可以看出，到"十三五"末期，浙江省明确了体育产业总产出超过3 000亿元，占地区国民生产总值中的比率为1.2%，体育服务业增加值占体育产业增加值的比率超过40%，体彩销售总额达到525亿元，人均体育场地面积达到2.1平方米，体育场地设施开放率达100%等一系列的区域性规划指标。从以上体育产业的主要区域性指标的详细数据可以看出，浙江省政府和体育局非常重视省域内体育产业的发展，而且对省域内体育产业的发展有明确的区域发展目标。

表 1.3　浙江省体育产业主要区域性规划指标

规划指标	目标值
体育产业总产出（元）	超过 3 000 亿
体育产业增加值占 GDP 的比率（%）	1.20
体育服务业增加值占体育产业增加值的比率（%）	> 40
体彩销售（元）	525 亿
人均体育场地面积（平方米）	2.1
体育设施覆盖率（%）	100
体育特色小镇（个）	省级 > 10

三、浙江省体育产业发展区域性特征分析

2021 年是"十四五"规划的起始年，对浙江省体育产业"十三五"期间的发展进行梳理总结，对于浙江省体育产业"十四五"规划的制定实施有很好的借鉴作用。近年来，浙江省及各市根据国家体育总局和国家统计局的统一部署和协调，体育产业统计工作已经纳入浙江省及各市统计工作计划。本研究所用到的体育产业总产出、体育产业增加值、地区国民生产总值 GDP、体育服务业总产出等相关数据主要来自浙江省及各市体育局官方网站和统计局官方网站。

本节首先对浙江省体育产业发展整体区域性特征进行分析，包括体育产业的增长效应、基层体育场地设施面积、体育特色小镇数量、体育产业基地数量以及体育产业社会投资等五个方面。然后对浙江省体育产业各行业发展区域性特征进行分析，分为体育服务业发展情况，体育制造业发展情况，体育彩票销售情况以及举办品牌体育赛事情况等四个方面。

（一）浙江省体育产业发展整体区域性特征分析

自"十三五"规划实施以来，浙江省体育产业得到了非常迅速的发展，促进了浙江省经济高质量发展。体育产业发展总体区域性特征表现为：体育产业的经济增长效应逐年增长，基层体育场地设施面积不断扩大，体育特色小镇数量逐年上涨，体育产业基地数量增多，体育产业社会投资不断增加。

1.体育产业经济增长效应逐年增强

体育产业作为一个新兴产业,不仅能够带动体育事业的发展,也能成为国民经济发展的新增长点。本研究以体育产业增加值占国民生产总值GDP的比率、体育产业对国民生产总值GDP的拉动率等指标作为评价标准,直观呈现了"十三五"时期体育产业对于浙江省总体经济发展的拉动效应。本研究以2015年浙江省体育产业及总体经济发展数据为基准(当年体育产业总产出为1 508亿元,全省国民生产总值GDP为42 886亿元),计算出2016—2020年体育产业对浙江省国民生产总值GDP的拉动率(见表1.4)。

表1.4 浙江省2016—2020年体育产业的增长效应

年份(年)	体育产业总产出(亿元)	体育产业增加值(亿元)	体育产业增加值占GDP的比率(%)	体育产业对GDP的拉动率(%)
2016	1 683	526	1.11	1.23
2017	1 843	593	1.15	1.28
2018	2 304	752	1.30	1.45
2019	2 615	845	1.35	1.50
2020	2 776	881	1.36	1.41

从表1.4的数据可以看出,2016—2020年期间,浙江省体育产业的发展维持在较高的增速范围。体育产业增加值占国民生产总值GDP的比率呈稳定上升态势,从2016年的1.11%上升至2020年的1.36%,说明体育产业愈发向支柱型产业迈进。体育产业对国内生产总值GDP的拉动率在2019年之前呈现逐年上涨趋势,从1.23%上涨至1.50%。尽管在新冠肺炎疫情影响下有所下降,但仍然维持在1.41%的水平,体现了体育产业对浙江省GDP的拉动效应已经进入并稳定在较高水平区间。

2.基层体育场地设施面积不断扩大

体育产业的可持续发展离不开体育场地与体育设施的建设。体育场地与设施的建设对居民参与体育锻炼、促进居民体育消费同样有着非常重要的拉动作用。在此方面,浙江省体育局在2016年加快推进黄龙体育中心市场化运作进程,2017年做好全民健身中心项目科研工作。黄龙游泳跳水馆顺利竣工,水上中心力量训练房、象山松兰山公寓综合楼项目建设进展顺利。在"十三五"时期,浙江省体育局积极推进省级全民健身中心的建设,积极构建体育休闲公园、加速社区多功能运动场的建设以及推进基层体育场地设施的建设,具体情况如表1.5所示(因受疫情影响,未加入2020年的数据)。从表1.5可以看出,2016—2019年,浙江省人均体育场地面积逐年上升,规划了很多公共体育用地,建立了一系列社区多功能运动场、运动休闲示范区、体育后备人才基地。在《浙江省体育发展"十三五"规划》中有一项区域性指标,即人均体育场地面积达到2.10平方米,从表1.5中的资料可见,在2018年时,人均体育场地面积已经达到2.16平方米,超额提前完成这一项区域性指标。

表1.5 浙江省2016—2019年体育产业发展取得的其他成就

年份（年）	其他成就
2016	人均体育场地面积1.85平方米；创建4个省级青少年体育俱乐部,1个青少年户外体育活动营地,有408所省级青少年体育俱乐部,148所国家级青少年体育俱乐部；55个省级青少年户外活动营地,6所国家级营地
2017	人均体育场地面积1.97平方米；有18个省级全民健身中心,498个体育休闲公园,384个社区多功能运动场,18个国家级体育后备人才基地,50个省级体育后备人才基地；17个国家级体育传统项目学校,413所省级青少年体育俱乐部,5个国家体育产业运动休闲示范区,1个体育旅游示范基地,3个国家级运动休闲特色小镇,13个省级运动休闲基地,20个运动休闲旅游示范基地
2018	人均体育场地面积2.16平方米；有24个省级全民健身中心,534个体育休闲公园,585个社区多功能运动场,18个国家级体育后备人才基地,50个省级体育后备人才基地；17个国家级体育传统项目学校,413所省级青少年体育俱乐部,5个国家体育产业运动休闲示范区,1个体育旅游示范基地,3个国家级运动休闲特色小镇,17个省级运动休闲基地,26个运动休闲旅游示范基地
2019	人均体育场地面积2.34平方米,全年新建成7个省级全民健身中心,61个乡镇(街道)全民健身中心、村级(中心村)全民健身广场、体育休闲公园,100个游泳池(含拆装式游泳池),107个足球场(含笼式足球场),296个社区多功能运动场。新增国家体育产业示范基地2个、示范单位1家、示范项目3个,新认定第二批省级运动休闲小镇培育单位5个

3. 体育特色小镇数量逐年上涨

体育特色小镇的发展情况最能够直接反映区域体育背景、区域体育文化，以及区域经济发展情况。在"十三五"期间，浙江省致力于积极打造具有特色的体育小镇，从 2016 年开始，浙江省体育局积极扶持体育特色小镇的建设，加强对创建省级体育特色小镇的指导，如对绍兴柯桥酷玩小镇、平湖九龙山航空运动小镇、建德航空小镇、上虞 e 游小镇、龙泉宝剑小镇等的指导。2017 年继续加大力度构建省级体育特色小镇，打造了一批具有鲜明体育特征具有较好的产业基础有较大的产业融合潜力的体育小镇，建成了入选首批国家级运动休闲特色小镇：金华市苏孟乡汽车运动休闲特色小镇、淳安县石林港湾的运动小镇、衢州市柯城区的森林运动小镇。2018 年浙江省政府制定首个省级运动休闲小镇的地方标准，命名了首批 7 个省级运动休闲小镇的培育单位。积极推进培育首批运动小镇的建设。2019 年对省级体育类特色小镇的建设加强了指导，建德航空小镇主打"航空＋运动"，上虞 e 游小镇主打"电子竞技"。推进杭州淳安石林港湾小镇、衢州柯城森林运动小镇和金华经开区汽车运动小镇的项目规划和落地。

总体来看： 在"十三五"期间，浙江省每年都会打造一批体育特色小镇，积极打造体育特色小镇，使当地体育产业的发展更具区域性特色，使体育发展能够更好地融入人们的日常生活，营造"体育即生活"的区域体育氛围，为当地体育发展提供了更好的区域人文环境，同时为区域内国民经济发展提供了"小镇"活力。从区域角度来看，杭州都市区和金华—义乌都市区相比宁波都市区和温州都市区，更加重视体育特色小镇的建设，宁波都市区和温州都市区在体育特色小镇的建设方面稍有欠缺。温州市的百丈时尚体育小镇在"十三五"期间先后引进国家赛艇二队、浙江省皮划艇队等多支队伍入驻训练，努力打造一流的集训基地，先后举办了全国青年赛艇锦标赛、CBSA 美式台球国际公开赛等国内外体育品牌赛事，努力打造职业赛事高地，极大地提升了小镇的知名度。而杭州都市区内体育小镇的建设充分体现了水资源优势，为实现杭州市水上运动休闲产业功能区的建设提供了助力。金华—义乌都市区体育特色小镇的建设，提高了金华市的知名度，加深了杭州都市区与金华—义乌都市区的联动发展，在这两大都市区的影响下，衢州市也加快了建设体育特色小镇的步伐。

4. 体育产业基地数量增多

加快体育产业基地的建设，能够为体育产业的高速发展提供更好的交流平台和引资途径。在"十三五"期间，浙江省加快了体育产业基地的建设，为体育产业的发展创造了良好环境，同时也推动了地方经济的发展。2017年浙江省加快推进对省级运动休闲基地的指导扶持，继续开展浙江省运动休闲基地认定工作，鼓励和扶持有实力的体育企业兼并重组上市。2019年浙江省内共计新增2个国家体育产业示范基地、1家体育产业示范单位、3个体育产业示范项目，总共拥有7个国家体育产业示范基地，在全国各省中位列第一。从表1.5可以看出，在"十三五"期间，体育产业基地的数量逐年增加，说明浙江省政府非常重视区域内体育产业基地的建设。通过建设区域体育产业基地，有效地发挥了浙江省区域体育产业基地的引领作用，促进了区域"体育+"产业的有效融合。比如，宁海县国家体育产业示范基地以打造户外运动之城为目标，建成了全国首条国家登山健身步道，同时以"体育+"的产业融合发展为理念，积极推动体育与赛事融合，连续四年举办"千里走宁海"徒步活动，为宁波市体育产业发展和国民经济的发展做出了突出的贡献。

除此之外，浙江省体育局还积极推进体育与其他行业的融合发展。2017年，浙江省体育局开始探索与省卫健委开展体育健康服务业合作；在武义县联合省旅游局举办浙江省第六届运动休闲旅游节，推进"体育+旅游+文化"三者的融合发展，提升武义美誉度和知名度，推动了武义县区域经济社会的高质量发展；联合省旅游局、浙报集团开展"2017年第三届寻找浙江省十大运动休闲旅游达人"活动，把体育运动和旅游融合发展推向新的高潮；整合宣传、文化、教育、广电等部门资源，推动体育与其他行业的有效融合发展，为浙江省体育产业的结构优化升级提供新的途径和策略，极大地促进了浙江省体育产业健康有序地发展。

5. 体育产业社会投资不断增加

截至2019年，浙江省体育产业发展资金项目库建设已完成，全省共有87个项目得到扶持，带动了27亿元的社会体育投资。2016—2019年，体育产业发展资金乘数效应超过1∶50。联合中国银行浙江省分行、中国建设银行浙江省分行做好体育产业的授信工作，总共有60个体育项目和企业共获得18亿元的授信扶持资金，为浙江省体育产业的发展提供了资金支持，保证了浙江省体育产业持久有序地发展。

（二）浙江省体育产业各行业发展区域性特征分析

在"十三五"期间，浙江省体育产业发展除了整体区域性特征以外，各行业发展也呈现了明显的区域性特征，体现为：体育服务业所占比率不断增高、体育制造业占比有所下降但仍占据主要地位、体育彩票销售额增减幅度较大以及品牌体育赛事数量不断增多等方面。

1. 体育服务业所占比率不断增高

区域体育服务业的高质量发展对体育产业经济向服务业转型具有非常重大的意义，发达国家体育产业中服务业占比通常都会达到60%以上。本研究以体育服务业增加值占体育产业增加值的比率等指标作为评价标准，以直观呈现体育服务业发展势态。由图1.2可见，从2016年到2020年，这一区域性指标每年以超过3%的速度增长，总占比也已经超过40%。服务业增加值占体育产业增加值的比率呈稳定增长的态势，充分说明区域体育服务业在体育产业结构中的地位日益凸显。作为对比，2020年江苏省实现体育产业总产值4 881.8亿元，体育产业增加值1 641.79亿元，占江苏省GDP的1.60%。其中，体育服务业总产值2 498.02亿元，体育服务业增加值1 102.69亿元，占体育产业增加值的67.20%。[①] 比较浙江省和江苏省体育产业发展的区域指标发现，江苏省体育服务业在体育产业中所占比重

---

① 江苏省体育局. 2020年江苏体育产业统计数据发布［EB/OL］.［2022-09-16］. http://jsstyj.jiangsu.gov.cn/art/2021/11/17/art_79626_10116356.html.

更高，而浙江省体育服务业所占比重依然偏低，距离《浙江省体育改革发展"十四五"规划》中提出的60%的目标仍有距离，无疑具有较大的增长空间。

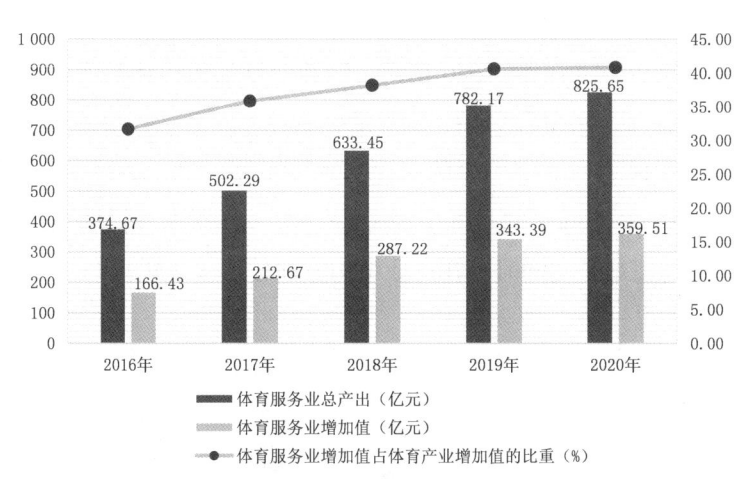

图1.2　浙江省2016—2020年体育服务业发展情况

在"十三五"期间，浙江省体育健身服务业和体育休闲服务业等都得到了很好的发展。比如，杭州乐刻自2015年成立以来，坚持用"互联网思维"和"大数据算法"，实现了"场地共享"，对体育健身服务业进行了供给侧改革，让每个人都能够平等地享有运动健康资源；阿里体育自2015年成立以来，坚持以数字经济思维来发展体育产业，以"体育服务"为核心发展体育业务，2018年阿里体育与CUBA建立校园合作，2019年阿里体育中心正式营业，并对运动场馆的数据实现实时展示。杭州乐刻和阿里体育的创新服务模式，极大地促进了浙江省体育服务业的发展，直接推动了浙江省体育服务业增加值的平衡上涨。

2.体育制造业占比逐步下降但仍然占据主要地位

体育产业中制造业所占比重通常会体现产业的现代化程度。在体育产业发达的国家，服务业往往是体育产业的主要支柱，制造业大多会随着产业的发展逐渐转移，其在体育产业中的占比也会逐渐下降。根据本研究收集到的数据，2016—2020年期间，浙江省体育制造业总产出从1 064亿元增加到 1 364 亿元，体育制造业增加值从 249 亿元上升至 330 亿元，但体育制造业的总体占比呈现逐渐下降的趋势。如图 1.3 所示，2017 年和 2016 年进行对比，体育制造业增加值有小幅度的上升，但增加值占体育产业增加值的比率下降了 3.32%；将 2018 年和 2017 年进行对比，2018 年体育制造业增加值比 2017 年上涨了 70 亿元，制造业增加值占体育产业增加值的比率基本不变。从 2019 年开始，随着浙江省体育服务业产值的快速提升，体育制造业在体育产业结构中的占比出现了下降，到 2020 年制造业占比相比 2016 年已经下降了超过 5 个百分点。这一数据充分说明浙江省体育产业在保持高速增长的同时，在产业结构方面也逐步优化。

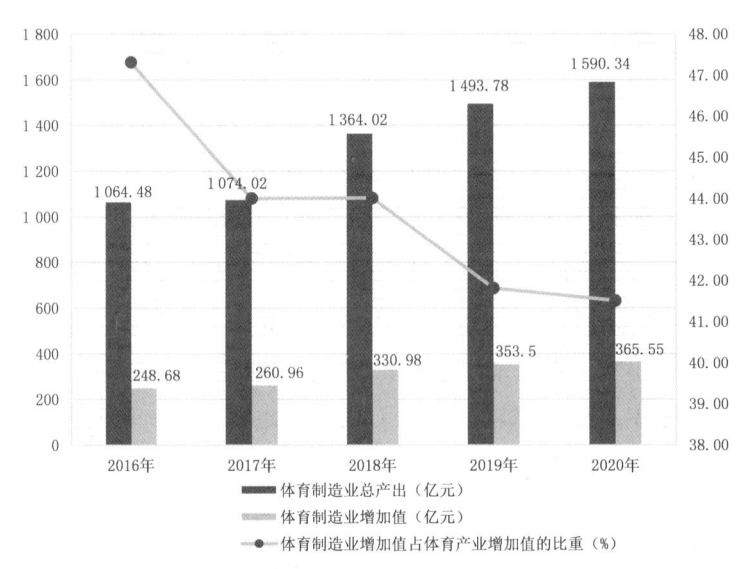

图 1.3 浙江省 2016—2020 年体育制造业发展情况

体育制造业的发展离不开制造企业的发展，杭州千岛湖培生船艇有限公司依靠千岛湖的地理优势，加工制造游艇、龙舟、赛艇等体育运动器材及配件，其产品销往世界各地。"亿健"跑步机以顾客满意为经营方针，不断改进技术进行生产，曾连续多年成为跑步机全国销量第一品牌，并在 2020 年，进入艾媒金榜（iiMedia Ranking）发布的《家用健身器材品牌排行榜 TOP10》[1]。由于浙江省体育制造业主要侧重在体育用品的制造方面，与之相配套的体育用品销售和服务等方面发展比较薄弱，造成了浙江省体育制造业发展缓慢。

3.体育彩票销售额变动幅度较大

体育彩票的销售作为区域体育服务业的重要构成要素，是一项重要的区域性经济指标，可以反映当地居民对于体育的热衷和关注程度。截至 2019 年，浙江省体育彩票销售总额达到 623.8 亿元。如图 1.4 所示，2016—2018 年期间，浙江省体育彩票的销售呈逐年上升趋势。2018 年时，全省体育彩票销售额达到顶峰。此后，由于政府加大了对体育彩票的监管力度，禁止擅自利用互联网销售彩票的行为，直接导致 2019 年浙江省各市体育彩票销售额骤降。2020 年初开始，我国深受新冠肺炎疫情的影响，导致体育彩票销售额持续下降。

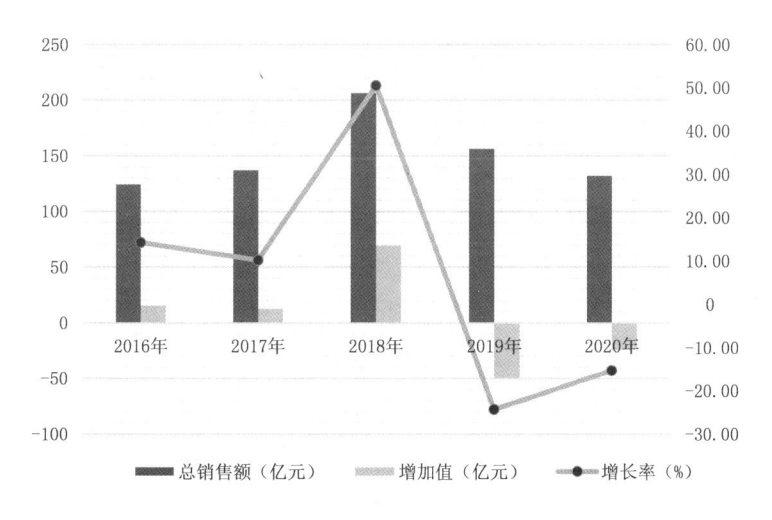

图 1.4　浙江省 2016—2020 年体育彩票销售情况

---

[1] 艾媒生活与出行产业研究中心．艾媒金榜丨《家用健身器材品牌排行榜 TOP10》公布！疫情下家庭健身迎来大爆发［EB/OL］．（2020-03-03）．https://www.iimedia.cn/c880/69499.html.

4.品牌体育赛事数量不断增多

2017年,浙江省体育局印发了《关于实施全省品牌体育赛事培育工程的指导意见》,制定了本省体育产业发展资金因素及奖励标准调整方案,重点引导扶持体育竞赛表演业,特别是品牌赛事、职业俱乐部、职业联赛以及创新型的体育制造业,鼓励各市县和社会力量举办赛事、建立职业俱乐部。2016—2019年浙江省举办了很多体育赛事,如表1.6所示。

表1.6 浙江省2016—2019年举办的主要体育赛事

年份(年)	举办赛事
2016	2016杭州马拉松暨杭州马拉松30周年的特别活动、环太湖举办的国际公路自行车比赛,全年省域内共举办198场马拉松相关赛事
2017	宁波市举办国际汽联世界房车锦标赛(中国站)、千岛湖国际泳联公开水域游泳世界杯赛、国际排联女排世俱杯,全年省域内共举办220场马拉松及路跑赛事,41场半程以上马拉松比赛
2018	2018杭州马拉松、杭州市举办第14届FINA世界游泳锦标赛(25米)、绍兴市举办女子排球世界俱乐部锦标赛、杭州市举办全国智能体育大赛、丽水市举办省首届智力运动会
2019	2019杭州马拉松、女子排球世界俱乐部锦标赛、环太湖(长兴—湖州段)国际公路自行车赛、宁波市举办亚洲举重锦标赛、宁波北仑区举办国际排联东京奥运会资格赛、宁波北仑区举办世界排球联赛、国际泳联世界马拉松游泳系列赛(中国·千岛湖站)、杭州国际网球邀请赛、国际雪联中国城市越野滑雪积分大奖赛、国际划联首届龙舟世界杯

如表1.6所示,从赛事的级别以及分布区域可以看出:(1)2016—2019年期间,浙江省每年都举办了很多体育赛事,直接体现了"体育强省"的体育产业总体区域性目标,同时也体现了举办体育赛事和群众体育的有效结合的区域性特征。浙江省每年举办的体育赛事的规模和赛事的性质都体现了浙江省的区域性特征:2016年浙江省举办的体育赛事是以浙江省或者长三角地区为区域范围;2017—2019年浙江省举办的体育赛事不仅具有区域性,而且具有国际性;2016—2019年浙江省每年都举办马拉松体育,这说明浙江省体育产业在发展过程中非常注重人民群众参与体育的程度。(2)从区域角度来看,浙江省举办体育赛事的主要城市集中在杭州都市区和宁波都市区,体育赛事的举办地大部分是沿湖沿海,充分体现了杭州水上运动休闲产业功能区的区域特色和宁波市海洋体育产业

功能区的区域特色。这说明浙江省在举办大型体育赛事时更倾向于选择经济发展水平较高的区域，体现了经济发展水平较高的区域的赛事接待能力和区域承载能力，同时说明杭州都市区和宁波都市区内各市的经济发展水平较高，两大都市区的经济影响范围较大，可以带动周边城市的经济发展以及体育产业的发展，尤其是加强杭州都市区和衢州市体育经济的联动发展。丽水市在2018年举办了浙江省首届智力运动会这一高水平的体育赛事，来自各地的高水平运动员参加了这次比赛，极大地提高了丽水市的知名度，加速了丽水市体育产业的发展，为丽水市构建多样化体育产业体系增添了动力。

第五节　浙江省各都市区体育产业发展区域性特征分析

在浙江省体育"十三五"规划中，指出要围绕杭州、宁波、温州、金华—义乌四大都市区构建核心的都市体育产业功能区，以这四个都市区为核心，整合区域内的优势资源进行合理的分配利用，从而实现浙江省全省体育产业一体化发展。故本研究杭州、宁波、温州、金华—义乌为样本区域对浙江省各都市区体育产业发展进行区域性特征分析。

一、浙江省各都市区体育产业发展的区域性目标分析

浙江省各都市区内的城市根据"十三五"时期国家和浙江省体育事业发展总体部署，结合本市体育发展实际，陆续印发了本市的体育发展"十三五"规划或其他相关体育发展规划（见表1.1），并且提出了本市体育产业的发展目标。除了台州市、金华市、衢州市没有发布明确的体育产业规划外，其他各市均发布了关于体育产业发展的"十三五"规划，并且明确提出"十三五"规划的总体区域性目标和具体区域性目标。

（一）浙江省各都市区体育产业发展的总体区域性目标分析

浙江省各都市区内的各市在体育发展"十三五"规划中，都有提出明确的体育产业发展的总体区域性目标，浙江省各市"十三五"规划中的总体目标详见表1.1。以四大都市区的核心城市为例，杭州都市区内的杭州市明确提出要提高本市的体育总体实力，提升杭州市的国际影响力，把杭州打造成为赛事之城；宁波都市区内的宁波市表示会持续促成体育事业与社会经济的有效融合发展，全面提高体育的综合实力，实现宁波市体育产业的现代化；温州都市区内的温州市对本市体育产业"十三五"规划的总体目标做出了很详尽的说明，努力实现温州市"四市"的发展定位；从搜集到的现有资料中，金华—义乌都市区内的金华市并没有提出明确的总体区域性目标。

根据浙江省各都市区内各市体育产业发展"十三五"规划中关于体育产业发展总体区域性目标的要求，结合表1.7可以看出以下几点。

第一，对比浙江省体育产业规划的总体目标可以看出，各市的体育产业发展的总体区域性目标是依托本市体育产业发展实际区域优势制定的，基本与浙江省体育产业规划的总体区域性目标一致，体现了当地体育产业发展的区域性特征。除了台州市、金华市、衢州市没有发布明确的体育产业发展区域性目标外，其他城市对于"十三五"时期体育产业发展总体区域性目标均做了比较明确的规定，比如，杭州市以举办体育赛事为区域性特征，温州市以发展体育服务业为主要区域性特征，宁波市注重体育产业结构优化的区域性特征，还有嘉兴市的全民健身服务业、湖州市的运动休闲体育、丽水市的体育旅游服务业、绍兴市的群众体育业、舟山市的海洋体育业等都很好地体现了当地体育产业的区域性特征。

第二，从区域角度看，杭州都市区的每个城市都制定了明确的体育产业发展总体区域性目标，说明杭州都市区内的各市政府机构都非常重视本市体育产业的发展；宁波都市区的主要城市（宁波市、舟山市）提出了明确的体育产业发展的总体区域性目标，而台州市并没有提出明确的体育产业发展的总体区域目标,说明台州市需要制定明确的体育产业发展目标来引领本市体育产业的发展;温州都市区制定了比较详细的区域性目标,体现了本市政府机构对本市体育产业发展比较重视;而金华市是金华—义乌都市区的核心城市,在"十三五"时期并没有提出体育发展的总体区域性目标,说明金华—义乌都市体育功能区对自身体育产业发展的重视程度不高,需要制定明确的体育产业发展区域性目标来引导本区体育产业的发展;虽然不属于四大都市区,但丽水市政府对本市体育产业发展有明确的区域性目标,而衢州市并没有明确的体育产业发展的区域性目标。

表1.7　浙江省各市"十三五"规划中提出的体育发展区域性目标

地区	总体目标
杭州市	提高体育发展的总体实力和国际影响力,努力构建和杭州经济社会发展水平相适应的体育发展新格局,巩固和提升杭州体育发展整体水平全省领先、全国前列的地位和优势,进一步加强体育强市的建设,打造具有国际影响力的赛事之城
嘉兴市	公共体育服务能力明显提高,体育设施布局合理,全民健身服务体系不断完善,竞技体育水平保持全省第二军团前列,体育产业结构进一步优化,体育品牌特色明显,基本建成体育公共服务均等化示范区,体育事业和体育产业发展走在全省前列
湖州市	把湖州建设成为全民健身体系完善、竞技体育成绩突出、体育产业特色鲜明、体育文化氛围浓郁的省级体育强市、全国体育生态文明建设示范区、闻名全国的"运动休闲之都"
绍兴市	建立群众体育普及、竞技体育领先、体育产业繁荣、体育设施先进、管理机制科学的体育事业发展新格局,形成党委重视、政府领导、社会支持、全民参与的体育事业发展新机制,各项主要指标均列全省前列,建成体育强市
宁波市	推进体育事业与经济社会的融合发展,保持宁波体育在全省的领先地位,全面提升体育综合实力,率先实现体育现代化。改革创新发展的力度进一步加大,公共体育服务设施更加便民,竞技体育项目布局更加合理,体育产业结构更加完善,体育类社会组织"三化"建设不断推进,民间资本进入体育作用更加有效
舟山市	营造重视体育、便民、利民的全民健身服务体系;进一步完善体育公共服务体系,促进体育基本公共服务均等化基本实现;竞技体育特色项目做精做强;进一步促进体育产业结构优化,产业空间布局合理,产业组织形态丰富;建立以滨海体育服务业为主体、具有较强辐射能力和带动作用的滨海运动休闲产业体系

续表

地区	总体目标
温州市	围绕全面建成小康社会和"健康中国"目标，树立"大体育大发展"理念，确立温州市体育发展战略和布局，推动体育事业和经济社会同步发展，实现我市"全民健身公共服务地市级示范市""竞技体育一流地级市""社会力量兴办体育标杆市""体育服务业发展龙头市"的发展定位
丽水市	形成以生态体育为核心的特色体育产业体系，扩大体育产业规模，打造知名体育品牌，将丽水市建设成为产业链完整、基础设施齐全、配套服务完善、特色鲜明的生态体育之城、长三角知名休养健康休闲体验区、中国体育休闲康复养生基地
台州市	无明确目标
金华市	无明确目标
衢州市	无明确目标

（二）浙江省各都市区体育产业发展的具体区域性目标分析

在"十三五"规划中，浙江省各市除了提出体育产业发展的总体区域性目标外，同时也提出了体育产业发展的具体区域性目标，对体育产业发展的区域性目标做出了更加详细的说明，不仅明确了体育产业发展的区域性经济指标，而且对其他区域性指标也做了比较详细的规定。

1.浙江省各都市区体育产业发展的区域性经济指标

在"十三五"规划中，浙江省各都市区内的各市对本市体育产业发展的区域性经济指标做出了明确的规定。比如，杭州都市区内的杭州市表示力争全市体育产业总产出达到600亿元，实现体育产业的增加值180亿元，体育彩票销售额达100亿元；宁波都市区内的宁波市提出体育产业总规模要达到436亿元，实现体育产业的增加值超过128亿元；温州都市区内的温州市提出实现全市体育产业总产出达到310亿元，体育产业的增加值达到70亿元以上，体育服务业、体育批零业、体育建筑业三个业态之和达到45%以上，其中体育服务业占25%以上。体育彩票5年内发行量达80亿元。浙江省各都市区内各市"十三五"规划中的区域性经济指标见表1.8。

表 1.8　浙江省各市体育产业发展的区域性经济指标

省市	体育产业总产出（亿元）	体育产业增加值（亿元）	体育产业增加值在地区GDP的比率（％）	体育彩票销售额（亿元）	体育服务业增加值占体育产业增加值的比率(％)
杭州市	＞600	180	＞1.7	100	—
嘉兴市	≥180	—	＞1.2	≥35	35
湖州市	＞100	—	＞1.2	—	＞40
绍兴市	—	—	—	8	—
宁波市	436	128	—	—	—
舟山市	120	—	1.2	—	＞60
温州市	310	70	＞1.2	80	25
丽水市	60	—	1％	3	35
台州市、金华市、衢州市	—	—	—	—	—

注："—"表示该市未公布相关数据。

从表1.8可以看出：①总体来看，浙江省各都市区内各城市体育产业发展的区域性经济指标跟当地的经济发展区域性现状是一致的，经济发展水平越好的地区，体育产业发展的区域性经济指标规定越详细。经济发展水平相对落后的地区，体育产业发展的区域性经济指标规定越模糊，甚至没有规定。②从区域角度看，杭州都市区内的主要城市（杭州市、嘉兴市、湖州市）对本市体育产业的区域性经济指标做了比较明确详细的规定，而绍兴市仅仅是对体育彩票销售额这一项区域性经济指标做了规定，其他区域性经济指标都没有明确规定，因此绍兴市需要加强本市体育产业发展区域经济指标的规划；宁波都市区内除了台州市外，宁波市和舟山市都对本市体育产业发展区域性经济指标做了比较详细的规定，说明台州市对本市体育产业的发展不够重视；温州都市区对体育产业发展的区域性经济指标有非常详细的规定，体现了温州都市区政府对于当地体育产业发展的决心和信心；金华—义乌都市区并没有对本地体育产业发展的区域性经济指标做出规定；丽水市和衢州市不属于四大都市区，两市政府对体育产业发展的重视程度不同，丽水市对本市体育产业发展的区域性经济指标做了比较详细的规定，而衢州市并没有对本市体育产业发展的区域性经济指标做出任何规定。

2. 浙江省各都市区体育产业发展的其他区域性指标

在"十三五"规划中，浙江省各都市区内的各市不仅明确了体育产业发展的区域性经济指标，而且对其他区域性指标也做了比较详细的规定。例如，杭州都市区的杭州市指出人均体育场地面积达到2.0平方米，有条件的中小学校体育场馆开放率达到100%；宁波都市区内的宁波市表示人均体育场地面积达到2.2平方米以上；温州都市区明确了人均体育场地面积达到2.1平方米。浙江省各都市区内的各市体育产业发展的其他区域性指标详见表1.9。

表1.9 浙江省各市体育产业发展的其他区域性指标

省市	人均拥有体育地面积（平方米）	社区多功能运动场（个）	体育场地设施开放率（%）	体育特色小镇（个）
杭州市	2	100	100	—
嘉兴市	≥2.1	≥80	100	≥15
湖州市	2.15	—	100	2
绍兴市	1.9	—	100	—
宁波市	2.2	—	100	—
舟山市	1.95	—	100	—
台州市	2.1	100	100	—
温州市	2.1	160	100	3
金华市	2.1	100	100	—
丽水市	1.9	新增10	100	1
衢州市	—	—	—	—

注："—"表示该市未公布相关数据。

从表1.9可以看出：①总体来看，除了衢州市对于本市体育产业发展的其他区域性指标未做出任何规定，其他各市都对本市体育产业发展的其他区域性指标做出了有关规定。②从区域角度看，虽然宁波都市区内的台州市和金华—义乌都市区的金华市没有明确的"十三五"体育产业发展的总体目标，但是这两个市都印发了《全民健身实施计划（2016—2020年）》，在实施计划中也有关于相关指标的陈述；四大都市区内的各城市都非常重视"人均拥有体育场地面积（平方米）"和"体育场地设施开放率"这两项区域性指标；杭州都市区的湖州市和绍兴市、宁波都市区的宁波市和舟山市都没有对"社区多功能运动场（个）"这一项区域性指标做出明确的数量目标规定，而其他都市区的城市对这一项区域性指标都做了明确的规定；对于"体育特色小镇（个）"这一项区域性指标，杭州都市区的嘉兴市和湖州市、温州都市区的温州市以及不属于四大都市区的丽水市都明确了数量目标。综上所述，杭州、宁波、温州、金华—义乌四大都市区对体育产业发展的其他区域性指标基本都有明确的规定，对当地体育产业的区域性发展目标的实现有很好的指导作用。

除了上述指标外，各市都会根据自身区域的实际情况建立适合自身的区域性指标，例如，嘉兴市提出新建校园足球特色学校数量50个，湖州市提出校园足球特色学校的总数量达到30所，丽水市提出打造具有地方特色和较高影响力的体育品牌的数量1个，金华市提出建成运动休闲的旅游示范基地数量10个，新建足球特色学校数量100个等。这充分显示了这些地区的政府机构在制定体育产业发展规划时，非常注重结合当地的区域性优势，从而制定适合具有当地特色的区域性指标。

二、浙江省各都市区体育产业发展区域性特征指标呈现

（一）各都市区内各市国内生产经济（GDP）持续攀升

经济的发展水平决定了体育产业发展的水平。在"十三五"时期，浙江省各都市区内各市经济飞速发展，为各都市区内各市体育产业的发展提供了良好的经济基础。根据各市年度国民经济与社会发展公报，可知各市每年的国内生产总值（GDP）。浙江省各市2016—2020年国内生产总值（GDP）详见图1.5。

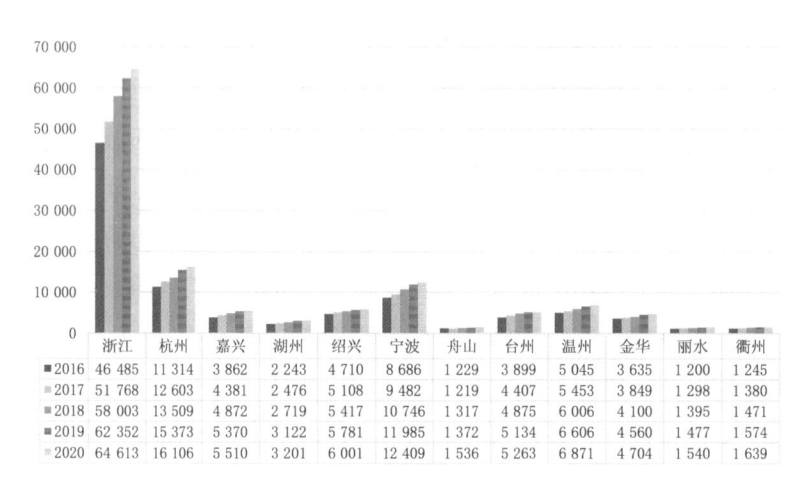

	浙江	杭州	嘉兴	湖州	绍兴	宁波	舟山	台州	温州	金华	丽水	衢州
2016	46 485	11 314	3 862	2 243	4 710	8 686	1 229	3 899	5 045	3 635	1 200	1 245
2017	51 768	12 603	4 381	2 476	5 108	9 482	1 219	4 407	5 453	3 849	1 298	1 380
2018	58 003	13 509	4 872	2 719	5 417	10 746	1 317	4 875	6 006	4 100	1 395	1 471
2019	62 352	15 373	5 370	3 122	5 781	11 985	1 372	5 134	6 606	4 560	1 477	1 574
2020	64 613	16 106	5 510	3 201	6 001	12 409	1 536	5 263	6 871	4 704	1 540	1 639

图 1.5　浙江省各市 2016—2020 年国内生产总值（GDP）（亿元）

从图 1.5 可以看出，2016—2020 年，浙江省各都市区内各市除了宁波都市区的舟山市 2017 年 GDP 总量稍有下降，其他都市区内各市以及丽水市和衢州市 GDP 保持平稳上升。浙江省 GDP 由 46 485 亿元上升至 64 613 亿元；杭州都市区的杭州市 GDP 由 11 314 亿元上升至 16 106 亿元；宁波都市区以宁波市为例，GDP 由 8 686 亿元上升至 12 409 亿元；温州都市区以温州市为例，GDP 由 5 045 亿元上升至 6 871 亿元；金华—义乌都市区的金华市，GDP 由 3 635 亿元上升至 2020 年 4 704 亿元。从 GDP 可以看出，虽然各都市区内的经济都得到了突飞猛进的发展，但是因为各都市区内的各市区域优势和经济起点不同，各市的区域经济发展程度不平衡。杭州都市区的区域经济发展排在浙江省经济发展的第一位，宁波都市区的区域经济发展排在第二位，温州都市区的区域经济发展排在第三位，金华—义乌都市区的区域经济发展排在末位。浙江省各都市区的区域经济的发展不平衡，直接决定了各都市区的区域体育产业发展基础不平衡。

（二）各都市区内各市体育产业的区域经济增长效应显著

体育产业作为一个新兴产业，对当地经济的高质量发展有很好的促进作用。在"十三五"时期，浙江省各都市区各市体育产业区域发展水平不同，体育产业对于GDP的增长效应各不相同。本研究通过各都市区内各市体育产业增加值占GDP的比率（根据公式1.1计算）、各都市区内各市体育产业对GDP的拉动率（根据公式1.2计算）两个指标的对比来体现各都市区内各市体育产业的增长效应。由于体育产业统计口径、统计指标还在不断完善。体育产业的数据统计存在一定困难，已经公开的数据也存在滞后性和有限性。本章以四大都市区的核心城市——杭州市、温州市、金华市、宁波市为样本城市，探寻体育产业对该市GDP的增长效应。以2015年作为第一年，从各市2015年国民经济和社会发展统计公报得知，2015年杭州市GDP为10 054亿元，温州市2015年GDP达到4 620亿元，金华市2015年GDP达到3 406亿元，宁波市的GDP在2015年时达到8 012亿元，结合各市每年GDP来计算出体育产业对GDP的拉动率，详见表1.10。

表1.10 四大核心城市2016年和2020年体育产业的经济增长效应对比

区域	体育产业增加值占地区GDP比率（%）		体育产业对GDP的拉动率（%）	
	2016年	2020年	2016年	2020年
杭州市	1.15	1.39	1.29	1.46
宁波市	1.14	1.65	1.24	1.71
温州市	1.22	1.65	1.34	1.71
金华市	1.62	1.72	1.76	1.78

表1.10综合呈现了杭州、宁波、温州和金华四大核心城市2016年和2020年体育产业总产出与增加值的对比情况。总体来看，四大核心城市的体育产业总产出之和、体育产业增加值之和有所上升，占全省比重之和也持续上升，到2020年两项指标都已超过70%。具体来说，杭州市的体育产业总产出和体育产业增加值在全省所占比重排名第一，宁波市体育产业总量发展速度仅次于杭州，体育产业总产出和增加值在全省所占的比重排名第二，温州市和金华市体育产业基础弱于杭州和宁波，但发展速度提升明显。整个"十三五"期间，四大核心城市的体育产业增加值占地区GDP的比重、体育产业对地区GDP拉动率两项指标都超过全省平均水平。杭州市、宁波市和温州市的体育产业增加值占地区GDP比率和体育产业对GDP的拉动率两项指标在"十三五"期间都出现了大幅增长，其中宁波市

两项指标增幅最大,而金华—义乌都市区在整个"十三五"期间都保持了较高的增长水平。

(三)各都市区内各市体育彩票的销售情况差距较大

在区域体育产业发展过程中,体育服务业的发展尤为重要。作为体育服务业的重要构成要素,体育彩票的销售额是一项很重要的区域经济指标,可以直接反映当地居民对于体育的热衷程度和喜爱程度,同时可以反映当地体育服务业的发展现状。在"十三五"时期,浙江省各都市区内各市体育彩票销售涨跌幅度较大,具体情况如图1.6所示。

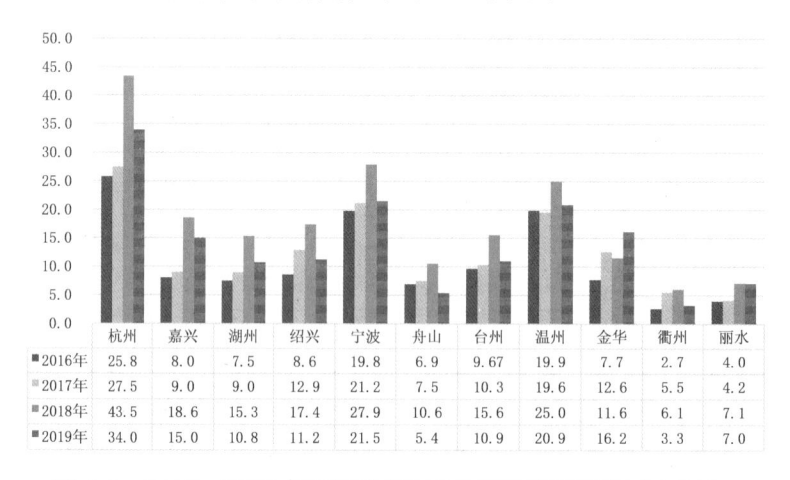

	杭州	嘉兴	湖州	绍兴	宁波	舟山	台州	温州	金华	衢州	丽水
2016年	25.8	8.0	7.5	8.6	19.8	6.9	9.67	19.9	7.7	2.7	4.0
2017年	27.5	9.0	9.0	12.9	21.2	7.5	10.3	19.6	12.6	5.5	4.2
2018年	43.5	18.6	15.3	17.4	27.9	10.6	15.6	25.0	11.6	6.1	7.1
2019年	34.0	15.0	10.8	11.2	21.5	5.4	10.9	20.9	16.2	3.3	7.0

图1.6 2016—2019年浙江省各市体育彩票销售情况(亿元)

从图1.6可以看出,在2016—2019年各市体育彩票销售都取得了很好的成绩。除了金华—义乌都市区的金华市外,其他都市区内各市包括丽水市和衢州市体育彩票的销售额每年呈上升趋势。但是在2019年各市体育彩票销售成绩落差较大,金华—义乌都市区的金华市体育彩票销售额明显上升,不属于四大都市区的丽水市的体育彩票销售额和2019年基本持平,其他都市区内的各市包括衢州市体育彩票的销售额都下降明显。造成这种现象跟政府加大了对体育彩票的监管力度有直接关系,虽然有关体育彩票的购买App纷纷下架,但是2019年9月金华市积极征召电脑型体育彩票销售门店，加强对体育彩票的销售管理，使金华市体育彩票在2019年销售额不减反增。从侧面反映出，政府职能在人民生活中的引导作用非常重要。因此要不断加强政府职能与体育产业市场机制的相互配合，以促进区域体育产业的高质量发展。

三、浙江省各都市区体育产业发展区域性特征分析

（一）杭州市体育产业发展区域性特征分析

在《浙江省体育发展"十三五"规划》中，指出要构建以杭州、宁波、温州、金华—义乌四个都市体育产业功能区。杭州市体育产业政策可以为区域内体育产业的发展提供借鉴和引领作用。杭州市是杭州都市区的核心城市，其在浙江省全省范围内的影响力和号召力都是排在第一位的。在"十三五"规划中，杭州市以"建设体育强市，打造赛事之城"为总体区域性目标，不仅提出了体育产业总产出大于600亿元、体育产业增加值189亿元、体育产业增加值在地区GDP的比率大于1.7%、体育彩票销售额100亿元等具体的区域性经济指标，而且还提出了人均体育场地面积2平方米，社区多功能运动场100个等其他具体的区域性指标。从本研究收集的"十三五"期间各类体育产业发展数据与资料来看，杭州市"十三五"期间体育产业发展体现出以下区域性特征。

首先，承办国际体育品牌赛事数量增多，影响力增大。在"十三五"期间，杭州市深入挖掘本市区域特色，将杭州城市与体育赛事活动相结合，结合实施一区、县（市）一品牌活动，充分发挥体育部门各自资源优势，鼓励和推动各区、县（市）承办和打造国际体育品牌赛事活动，这些赛事得到了广大人民群众的一致好评，极大地提升了人们对于体育消费的热情，进一步提升了杭州城市知名度和影响力，拉动了杭州市体育经济的飞速发展。在"十三五"期间，杭州市每年都要举办年度马拉松比赛。2016年总计73 127人报名参加马拉松比赛，2017年总计83 659人报名参加马拉松

比赛，2018年总计106 588人报名参加马拉松比赛，2019年总计139 899人报名参加马拉松比赛。[①] 从每年马拉松报名人数可以看出杭州市品牌体育的成功，也可以看出，人们对于全民体育和身体健康越来越重视，不仅提高了杭州市的体育知名度，而且提高了全民身体素质，同时也为杭州市体育经济的发展提供新的爆发点。杭州市举办的体育赛事情况，详见表1.11。

表1.11 2016—2019年杭州市举办的体育赛事

年份	举办的赛事
2016年	举办了国际（杭州）毅行大会、国际钱塘江冲浪对抗赛、杭州马拉松、排舞联赛总决赛等大型品牌体育赛事活动
2017年	举办杭州西湖国际名校赛艇挑战赛、钱塘江国际冲浪挑战赛、杭州（国际）毅行大会、大宋108公里国际越野赛、千岛湖公开水域世界杯等10余项国际性体育赛事活动，全年组织开展具有一定规模的体育健身活动高达1000余场（次）
2018年	举办了杭州国际樱花徒步节、全国百城千村健身气功交流展示系列活动(杭州站)、市第十三届桥牌联赛、杭州城市定向赛、杭州市斯诺克排名赛、杭州市第十届羽毛球俱乐部联赛、西湖马术节暨马术邀请赛等全民健身活动600余场(次)
2019年	成功申办2021年国际足联俱乐部世界杯签（杭州赛区），举办10余项本土国际品牌赛事。举办了国际（杭州）毅行大会、2019年杭州国际网球邀请赛、首届中国—新西兰青少年高尔夫球团体对抗赛、世界知名高校杭州西湖赛艇挑战赛、杭州国际高尔夫球锦标赛、在华世界500强企业体育系列赛——羽毛球赛等10余项本土国际品牌赛事

从表1.11可以看出：① 2016—2019年杭州市每年都承办很多赛事，努力实现"赛事之城"的总体区域性目标。自2016年以来，杭州市举办的体育赛事数量越来越多，赛事项目也越来越多，参加的人数不断上涨，赛事的影响力也变得更加国际化，极大地提高了杭州市的知名度和美誉度，为杭州市体育产业的发展做出了很大的贡献。② 从区域角度来看，杭州市在举办体育赛事的时候场地倾向于选择沿湖沿江地区和经济发展水平较高

---

① 马拉松跑步. 139899人！"双金+"赛事首年，2019杭马报名人数再创新高！[EB/OL].（2019-08-17）. https://baijiahao.baidu.com/s?id=1642039988171006318&wfr=spider&for=pc.

的杭州市辖区，这些的区域的赛事接待能力和区域承载能力更高。体育赛事举办具有空间布局的偏差性，这种偏差性的目的是能够在更大程度上带动杭州都市区内的各市以及不属于杭州都市区的衢州市体育产业经济的联动发展，同时拉动杭州都市经济影响圈内的其他城市经济的高质量发展。

其次，区域"体育+"产业融合发展迅速。在"十三五"期间，杭州市积极打造区域体育特色小镇以及申报体育产业基地，为杭州市区域"体育+"产业融合发展提供力量。杭州市2018年成功创建省级首批运动休闲小镇2个、运动休闲基地1个、精品线路2条，为杭州市区域体育产业发展探索新的发展之路。目前，杭州市体育特色小镇分布比较均衡，说明杭州市各地对于当地体育产业布局目标明确，也体现了体育特色小镇对于提高当地体育产业发展的重要性。例如，戴村郊野运动小镇是依据戴村自身优势开辟的一条推动区域经济发展的创新之路，戴村的优质生态环境与当地的运动休闲产业相互辉映，同时利用"运动+体育"产业的扩大，吸引大量国内外企业进入杭州市，促进了杭州市体育经济的转型发展。杭州市"体育+"产业的融合发展在很大程度上对杭州都市区内各市体育产业的融合发展起到了模范引导作用，同时带动了衢州市体育产业与其他产业的融合发展，扩大了杭州都市区的号召力和影响力。

最后，杭州市除了推荐浙江省体育产业发展资金项目库项目的申报工作，还鼓励和支持杭州体育企业积极申报各类扶持项目和专项资金，社体合作力度不断加大，为杭州市区域体育产业的发展提供有力的资金支持。"十三五"期间杭州市区域体育产业发展资金项目详见表1.12，可以看出，杭州市体育产业每年都会与体育企业达成合作意向，引进很多社会资金；同时还积极申报体育产业发展资金项目库，为体育产业发展提供经济基础，为杭州都市区内体育产业的联动发展以及拉动衢州市体育产业的发展提供了强有力的资金支持和政府支持。

表 1.12 2016—2019 年杭州市区域体育产业发展资金项目

年份	体育产业发展资金项目
2016 年	举办市第四届体育产业发展论坛暨体育产业招商引资签约仪式活动，签约项目总金额达 2.6 亿元。鼓励和支持杭州体育企业积极申报各类扶持项目和专项资金。全市共有 9 个项目获得省体育产业发展扶持资金
2017 年	共有 15 家体育企业入选 2017 年度浙江省体育产业发展资金项目库，争取省体育产业扶持资金近 1 000 万元
2018 年	完成全国 5 个运动休闲特色小镇试点项目的招商引资，共计引进的投资总额达到 4.61 亿元
2019 年	入围省 2019 年度体育产业发展资金项目库 32 个、引领性项目 4 个、重点支持项目 12 个、一般支持项目 16 个，共获得省体育产业发展资金 2 340 万元，占全省资金近 1/4。举办市第七届体育产业发展论坛活动，引进体育类投资总额 3.89 亿元

（二）宁波市体育产业发展区域性特征分析

宁波市作为浙江省体育产业四大都市区核心城市之一，其影响力仅次于杭州市。宁波市一直很重视体育产业的发展。在体育"十三五"规划中，宁波市为了保持体育在全省的领先地位，还明确提出了体育产业总产出 436 亿元，体育产业增加值 128 亿，人均体育场地 2.2 平方米的具体区域性指标。从本研究收集的"十三五"期间各类体育产业发展数据与资料来看，宁波市在实现区域性目标的过程中，积极培育体育市场，引导着体育产业加快发展，体育产业规模持续扩大。体育产业发展呈现出以下区域性特征。

第一，精品体育赛事影响越来越大，数量持续增多。在"十三五"期间，宁波市每年都会举办一系列的体育赛事，充分展现了"赛事之城"的风采。如，2016 年积极打造高端精品赛事平台，首届宁波足球超级联赛圆满举办；2017 年大型赛事蓬勃开展，成功举办北仑八一男篮主场 CBA 联赛；2018 年大型赛事形成体系，举办宁波国际马拉松，以及江北山地马拉松赛等本地特色赛事，构建一区县（市）一品牌的赛事体系；2019 年全力办好国际排联东京资格赛，全力保障中国女排顺利拿到奥运会入场券。随着体育赛事的举办，赛事影响持续扩大，为宁波市体育产业的发展提供新的爆点，极大地促进了宁波当地经济的迅速发展。

表 1.13　宁波市 2016—2019 年举办的体育赛事

年份	举办的体育赛事
2016 年	举办首届宁波足球超级联赛，中日韩青少年运动会，国际马拉松赛和中国铁人三项赛东钱湖分站赛等品牌赛事
2017 年	全年承办 40 多项大型体育赛事，如中日韩田径对抗赛、梅山世界房车锦标赛、北仑八一男篮主场 CBA 联赛、江北山地马拉松、东鄞州国际网球赛、钱湖铁人三项、镇海九龙湖半程马拉松、奉化中国羽毛球俱乐部超级联赛、杭州湾世界围棋冠军争霸赛
2018 年	举办宁波国际马拉松、全国铁人三项锦标赛、百公里越野耐力赛、九龙湖国际半程马拉松赛、国际攀岩大师赛、江北山地马拉赛，首次在商业综合体举办全国举重超霸赛。全年成功举办各类国家级以上赛事 50 余项
2019 年	世界房车锦标赛、宁波山地马拉松、国际网球挑战赛、奉化区打造桃花马拉松等赛事，鄞州区与东钱湖共同办好首届龙舟世界杯，余姚市举办百公里山地户外运动挑战赛、举办大湾区自行车赛等，高新区举办文化体育嘉年华系列活动、首届东钱湖马拉松、杭州湾举办第四届宁马拉松、汽车嘉年华等活动，梅山办好国际房车锦标赛、沙滩嘉年华等赛事

从表 1.13 可以看出：①宁波市 2016—2019 年每年举办的体育赛事数量越来越多，体育赛事种类也很多，有国际性的体育赛事，比如，国际网球挑战赛；有县区级的体育赛事，比如，北仑八一男篮主场 CBA 联赛，这些体育赛事对宁波体育事业的发展都有着不可忽视的贡献。②从区域角度看，宁波市举办体育赛事的主要地区是靠近海洋的地区，充分发挥了海洋区域优势来扩大体育赛事对宁波市以及宁波都市区内的其他城市的影响力，加强宁波都市区内各城市间的联动发展，同时拉动了宁波都市区附近的城市体育赛事的活力。

第二，积极打造当地品牌，知名度不断提升。在"十三五"期间，宁波市打造了一批具有当地特色品牌的体育项目。例如，2017 年"中国·宁波一号"帆船队在 2017 年世界帆船对抗巡回赛的六站中三次夺得第一，扩大了宁波知名度，提升了城市影响力。2018 年发挥省市体育产业发展资金的引领作用，健全完善全市体育产业单位名录库。2019 年镇海区全力打造"蹦技之乡"，创建国家级体操（蹦床）运动基地；北仑区获评"国家体育产业示范基地"。这些体育产业项目以及体育产业基地都体现了宁波市在实现体育产业"十三五"区域性目标的过程中，积极培育体育休闲产业，重视优化体育产业布局，促进宁波市体育产业高质量可持续的飞速发展。从现实情况来看，象山针织运动小镇、镇海国家蹦床运动实验区、北仑国家体育产业示范基地、东钱湖国家体育旅游示范基地这四个项目都是依据当地的区域优势和人文优势构建而成的，提高了宁波市的知名度，不断完善宁波市体育产业布局，从而为宁波都市区内各城市间的经济联动发展以及扩大宁波都市区的经济影响力提供了新的突破点。

除此之外，宁波市还采取了其他措施来促进体育产业的发展。例如，2016年进行了体育领域政策研究，引进社会资本融入体育产业的发展，发挥了本市体育产业发展资金的引领作用，向浙江省体育局推荐了12个体育产业扶持项目；浙江省体育局下拨了300余万元作为市体育产业的扶持资金，为宁波市体育产业项目的发展提供了强有力的资金支持。随着北仑区成功创建了国家体育产业示范基地，宁波市体育产业引导资金项目申报办法不断完善。宁波市采取的这一系列的措施充分显示了宁波市政府对于区域内体育产业发展的重视程度，不仅很好地满足了宁波市人民对于体育消费的需求，而且拓宽了人民精神生活的方式，提高了人民的幸福指数，为宁波市经济的飞速发展开辟了新的渠道，同时也为宁波都市区内各市体育产业的联动发展提供了更加坚实的政府支持和资金支持。

（三）温州市体育产业发展区域性特征分析

作为浙江省体育产业四大都市区的核心城市之一，温州市的体育产业的发展在浙江省全省体育产业一体化的进程中发挥着重要的作用。在"十三五"体育产业规划中，温州市在"大体育大发展"的理念的指导下，提出了到"十三五"末期，本市体育产业总产出达到310亿元，其体育产业的增加值达到70亿元，体育产业增加值占地区GDP的比率要大于1.2%，体育彩票销售额达到80亿元，人均体育场地面积达到2.1平方米等具体的区域性指标。从本研究收集的"十三五"期间各类体育产业发展数据与资料来看，在温州市积极举办体育赛事，打造体育特色小镇，打造体育产业平台等体育产业发展区域性特征。

首先，体育赛事活动不断丰富，体育赛事的群众体育特征越来越明显。"十三五"期间，温州市在体育产业发展中，注重打造品牌丰富体育赛事活动，扩大了赛事知名度，丰富了市民体育文化生活，促进了体育运动的普及，加快了温州市体育国际化的步伐，提升了温州市的城市形象和知名度。仅 2019 年温州市就陆续承办了 40 项国际国内体育赛事，比如，国家间群众体育交流活动、2019 长距离铁人三项世界杯赛、2019 中国·温州（瓯海）国际名校龙舟邀请赛、2019 温州马拉松等体育赛事活动。温州市体育赛事的举办体现了很强的群众体育的特征。温州市作为国际象棋之城，每年都会举办很多象棋比赛，其象棋比赛的参与人数、举办规模和影响力都不断增加，体现了很强的运动休闲特色，同时为温州都市区体育产业的发展引入了非常多的社会资金的支持。"十三五"期间温州市举办的体育赛事情况详见表 1.14。

表 1.14 2017—2020 年温州市举办的体育赛事

年份	举办的赛事
2017 年	举办第 16 届市运会，全国公路自行车冠军赛（温州站）、国际象棋特级大师对抗赛、"棋城杯"国际象棋大奖赛、全国象棋棋后赛、"谢侠逊棋王杯"全国象棋公开赛、全国海钓锦标赛（洞头站）、全国滑翔伞定点联赛（温州站）、全国青年 U16/U18 赛艇锦标赛、楠溪江国际户外嘉年华、浙江马拉松精英赛等 13 项高水平大型赛事
2018 年	成功举办 2018 温州国际铁人三项赛、温州马拉松、美式台球国际公开赛、昆仑决世界极限格斗大赛、四国男篮争霸赛、中国温州国际象棋特级大师对抗赛、全国公路自行车锦标赛、全国体育舞蹈公开系列赛温州站等 30 项国际国内比赛
2019 年	承办了"一带一路"国家间群众体育交流活动、2019 长距离铁人三项世界杯赛、2019 年温州楠溪江女子国际公路自行车赛、2019 中国·温州（瓯海）国际名校龙舟邀请赛、2019 温州马拉松和 2019 温州国际运动休闲博览会暨第十届中国·长三角国际体育休闲博览会等 40 项国际国内体育赛事
2020 年	成功举办 2020 全国国际式摔跤锦标赛暨奥运会选拔赛等 27 项重大体育赛事活动

从表 1.14 可以看出，①总体来看，2017—2019 年，温州市每年举办的体育赛事数量持续上升，体育赛事的规模也从全国性发展为国际性，很好地提升了温州市体育发展的知名度。但是在 2020 年初，由于新冠疫情

的影响，温州市体育赛事受到了重创，全年共举办27项重大体育赛事，相比较2019年减少了13项体育赛事。②从区域角度看，温州市举办体育赛事的区域大多在东部沿海地区，该地区经济水平比西部山地区域高，赛事承载力比较强，经济影响力更大，交通也更便利，更容易吸引体育迷到温州来参与体育赛事活动，极大地拉动了温州体育经济的发展。温州市体育赛事的群众体育的特征对温州都市区包括丽水市体育赛事的发展提供了很好的借鉴作用，在很大程度上促进了温州都市区和丽水市体育赛事的联动发展。

其次，体育小镇建设数量迅速增加，促进"体育+"产业融合发展。在"十三五"期间，温州市建设了一批具有区域特色的体育小镇，丰富了区域体育产业的发展渠道。以泰顺百丈时尚体育小镇项目为例，2017年签订投资意向35亿元，2018年入选浙江省首批运动休闲小镇培育名单。2019年通过省体育局专家组中期评估，成为泰顺县创建省级运动休闲基地的重点项目。泰顺县百丈镇体育小镇的申报过程，充分体现了温州市政府非常重视区域体育产业发展。在"十三五"期间百丈时尚体育小镇为了打造一流的集训基地，先后多支队伍入驻训练，努力打造职业赛事高地，先后举办了很多国内外体育品牌赛事，极大地提升了小镇的知名度，为温州市体育产业的发展提供了新的突破点。温州市体育小镇的建设体现了温州市的山地区域特色，优化了温州体育产业的布局，提高了温州市的知名度。从区域角度来看，温州市体育小镇的建设为温州都市区体育产业的布局提供了新的思路，同时为丽水市体育产业布局提供了借鉴作用，促进了温州都市区和丽水市体育产业布局的联动发展。

最后，温州市在发展区域体育产业的过程中，体育产业发展交流平台不断完善，为当地体育产业发展提供了资金支持。温州市在2017年到2019年期间，抓住长三角一体化国家战略的大好机遇，接连三年都成功举办了温州国际运动休闲博览会，在博览会期间还成功举办了长三角体育产业高峰论坛，成功地为温州市融入长三角一体化搭建了很好的体育平台。体育产业平台的搭建，扩大了温州市体育产业发展的知名度，吸引更多的国内外企业进入投资，为温州市国民经济的发展提供了新的增长点。从区域角度来看，温州市体育产业平台的搭建为温州都市区和丽水市体育产业的联动发展提供平台和资金支持。

（四）金华市体育产业发展区域性特征分析

金华市作为浙江省体育产业四大都市区之一金华—义乌的核心城市，其体育产业的发展是浙江省全省体育产业一体化的进程中不可或缺的一部分。在"十三五"期间，虽然金华市体育局并没有公布体育产业发展的"十三五"规划，也没有明确的体育产业发展的总体区域性目标。但是在金华市人民政府公布的《金华市全民健身实施计划（2016—2020年）》中提出了人均体育场地达到2.1平方米，建成100个社区多功能运动场的具体区域性指标。从本研究收集的"十三五"期间各类体育产业发展数据与资料来看，金华市体育产业也取得了一定的成就。金华市位于浙江省中部，是浙江省中西部中心城市。其体育制造业在全省领先，在全国也有一定份额和知名度。近年来，金华市体育产业迅速发展，从表1.10可以看出，金华体育产业增加值占GDP比率在2016年和2018年均达1.62%，体育产业的拉动率也一直保持在全省第一位。金华市体育产业发展取得的成绩，得益于金华市政府精准施策和众多措施合力推进。金华市"十三五"期间体育产业发展体现出以下区域性特征。

首先，群众体育和品牌赛事结合更加紧密。在"十三五"期间，金华市坚持以品牌赛事为导向，不断浓厚全民健身氛围，在促进本市体育产业的发展的同时，充分满足了广大市民的精神文化生活。从现有资料得知：仅2018年全年共举办赛事活动就超360场，其赛事不仅包含国字号的赛事，还包括商业性的展演，以及公益类的培训，其体育赛事的种类日益丰富，极大地刺激着民众参与体育热情不断高涨，金华市的城市活力稳步提升。2019年金华市还开创了国赛村办、省赛村办的新模式，积极推动高端赛事活动进入乡村，迅速增加了乡村旅游的客流量，这些相关做法都引起了社会各界和媒体朋友的普遍的广泛关注。2018年浙江省毅行大会在金华举办，作为一项极具挑战性的群众性团队活动，很多的体育爱好者纷纷前来参与，是典型的群众体育和体育赛事结合的体育形式，不仅宣传了金华体育，也吸引了更多的企业投资金华体育，对金华体育经济的发展起到了很大的积极作用。"十三五"期间金华市举办的体育赛事情况详见表1.15。

表1.15 2016—2019年金华市举办的体育赛事

年份	举办的体育赛事
2016年	全市共举办44场（次）省级以上重大赛事，兰溪、东阳、金东区、磐安、武义、义乌相继举办全程或半程马拉松赛
2017年	全国首届新闻界马拉松的邀请赛、首届中国山水四项的公开赛、第二届体育社团交流展示大会、2017金华市步行健身系列活动等品牌赛事
2018年	第十届八婺杯篮球赛、2018"Umay"佑美杯第四届中国·金华体育舞蹈全国公开赛、第二届中国·金华国际武术节、第二届中国·金华山水四项公开赛、第二届全国龙舟邀请赛等品牌赛事活动，婺城区成功举办了2018浙江省毅行大会金华站，金东区2018乡村绿道马拉松赛，兰溪国际乡村马拉松、义乌国际马拉松、国际电子竞技大赛，武义全国桥牌混双公开赛
2019年	全国青年运动会男子篮球U16俱乐部预赛、"迎春杯"游泳比赛、浙江省青少年田径锦标赛等省级以上青少年体育赛事14场（同比2018年6场增加133%），共举办各类赛事活动364场，其中本级204场，赛事数量同比2018年增长27%，武义县举办全国动力伞锦标赛、全省青少年儿童短式网球锦标赛等赛事

从表1.15可以看出：①总体来看，金华市每年举办的体育赛事的数量不断增多，赛事类型不断丰富，国字号赛事的举办充分体现了金华市近几年在赛事方面的影响力不断扩大。②金华市在举办体育赛事时，紧紧依托本市的山水地域优势，具有明显的群众体育的特征，每年都有很多金华市内的区域举办马拉松活动，极大地激发了金华市民众参与体育活动的热情。③从区域角度来看，金华市举办大型赛事的区域集中在西南地区，这些地区以山地为主要地形，很适合发展山地运动，充分显示出了山地运动休闲的体育产业模式的优势。与浙江省打造金华—义乌运动休闲产业功能区的目标是一致的，为衢州市和丽水市体育产业发展模式提供借鉴，促进了金华—义乌都市区和衢丽两市体育赛事的联动发展。

其次，坚持"体育+"发展战略，与其他产业发展更加融合。金华市在发展体育产业的过程中，非常重视体育产业的融合发展，积极为区域体育产业的发展寻找新的突破。总体来看，金华市虽然也建设了特色小镇，但都集中在西南地区。同时金华市注重结合当地区位特色，探索适合自身的体育产业布局模式。2016年金华市各地结合山水资源开展"体育+公园"取得突破，主动争取承办体育赛事活动，为体育服务乡村振兴提供了金华经验示例。2016—2018年涌现磐安县小章村等23家市级"体育+特色村（居）"。金华市政府还出台政策举措扶持体育产业，开展市级体育产业（运动休闲）基地、体育产业发展资金项目库申报工作，并择优上报省体育局，2018年获省体育产业划拨扶持资金1130万元，列全省第二。到2018年累计成功创建特色村35个，吸引社会资本10.27亿元。建设"体育+特色村（居）"的措施，使金华市体育产业在发展过程中保持平稳向上的态势。金华市"体育+特色村（居）"和运动休闲体育产业基地的建设，贯彻了浙江省对于金华—义乌都市区构建运动休闲体育产业功能区的构想，"体育+特色村（居）"的成功，为金华—义乌都市区以及衢丽两市体育发展提供了引领作用，同时为浙江省体育产业一体化提供了新的突破点。

最后，在体育产业发展过程中，金华市体育场馆建设与管理工作更加完善。2018年金华市体育政府机构改革之后，公共体育场馆运营管理更加灵活，提供的公共体育服务更加优质。截至2018年10月底，相比前一年，市体育中心接待健身市民217万人次，同比增长10.53%，营业额1400万元，同比增长4.5%；市体育馆接待健身市民9万人次，同比增长12.38%；市社区多功能运动场接待健身市民2万人次，同比增长17.65%，营业额82.4万元，同比增长18.48%；市区各公共场馆经营状况均有明显提升。金华市体育场馆的管理运营为金华市体育产业发展提供了资金支持和政府支持，扩大了金华—义乌都市区的经济影响力，带动了金华—义乌都市区和衢丽两市体育产业的资金联动和政策联动，促进金华—义乌都市区和衢丽两市体育产业一化发展。

第六节 结论与建议

一、结论

浙江省依托自身的区域优势，坚持以特色求活力、以特色谋发展，不断从经济社会发展的区域性特征和体育产业发展的区域性优势出发来谋划推动体育产业规划的制定和实施，通过制定明确的体育产业发展的区域性目标，展现了以改革谋出路，以创新求发展，坚定不移地推进体育产业的发展改革的信心和决心。

首先，从体育产业发展区域性目标角度来看，浙江省各都市区内的各市政府机构制定的体育产业发展规划充分体现了当地的区域性特征，提出的体育产业发展目标也充分体现了当地的区域性特征。例如杭州市作为杭州都市区内的核心城市以打造"赛事之城"为区域性目标，宁波都市区的舟山市的海洋体育业等都很好地体现了当地体育产业的区域性特征。浙江省各都市区对于当地体育产业的发展重视程度不一样。杭州都市区内的所有城市、宁波都市区的宁波市和舟山市、温州都市区的核心城市温州市以及不属于四大都市区的丽水市都提出了比较详细明确的体育产业发展的区域性目标，说明该地区政府比较重视本地体育产业的区域性发展。杭州都市区的绍兴市、宁波都市区的台州市以及金华—义乌都市区的金华市虽然提出了一些具体的区域性目标，但是缺乏主要的区域性经济指标。衢州市不属于四大都市区，其经济发展水平也比较低，没有发布体育产业政策也没有提出体育产业发展的区域性目标，说明该市政府不重视体育产业的发展，需要加快制定体育产业政策的步伐来引领本市体育产业的有序发展。

其次，从各都市区内各市体育产业发展区域性现状来看，各都市区在发展区域内体育产业的过程中，都有效地结合了当地的区域优势和人文优势，促进了各都市区体育产业的可持续高质量发展。杭州市紧紧围绕"江、湖"等水资源优势，在全市范围举办各类体育赛事，体现了杭州市"赛事之城"的区域性目标，同时积极发展本市"运动+体育"运动休闲产业，充分显示了杭州都市区构建水上运动休闲产业功能区的目标。宁波市充分利用海洋资源优势，举办体育赛事和建设特色小镇，不断优化宁波市体育产业布局，使宁波市体育产业发展水平保持领先地位，充分体现了宁波都市区构建海洋体育产业功能区的目标。温州都市区和金华—义乌都市区，两者的体育赛事都具有群众体育的特征，通过建设运动休闲体育小镇和运动休闲体育产业基地，充分体现了两大都市区构建运动休闲产业功能区的目标。衢州市和丽水市虽然不属于四大都市区，但两市都受到四大都市区体育产业联动影响，四大都市区为衢丽两市体育产业的发展提供了引领和借鉴。

再次，从体育产业发展区域性指标的完成情况的角度来看，在"十三五"期间，浙江省各市依据体育产业政策，根据自身体育产业发展基础和地区特色优势采取了不同的措施来发展自身的体育产业，努力实现体育"十三五"规划的区域性指标，但是从收集的数据和资料来看，浙江省各市体育产业"十三五"规划区域性指标实现情况不同，详见表1.16。

表1.16 "十三五"时期浙江省及各市体育产业区域性特征指标的完成情况

	完成的指标	完成年份	完成情况	规划目标
浙江省	体育产业增加值在地区GDP的比率（%）	2018年	1.30	>1.2
杭州市	体育产业总产出（亿元）	2018年	608	>600
	体育产业增加值（亿元）	2018年	189	180
绍兴市	体育彩票销售额（亿元）	2016年	8.6	8
宁波市	体育产业总产出（亿元）	2018年	503	436
	体育产业增加值（亿元）	2018年	169	128
温州市	体育产业增加值（亿元）	2018年	72	70
	体育产业增加值在地区GDP的比率（%）	2016年	1.22	>1.2
丽水市	体育彩票销售额（亿元）	2016年	4	3

从表1.16可以看出，有明确体育产业"十三五"规划的各市，主要规划指标都有超额提前完成的情况。比如，杭州市的体育产业总产出和体育产业增加值指标在2018年分别以608亿元和189亿元超额完成。温州市在2018年时就以72亿元超额完成体育产业增加值，早在2016年"十三五"

开始的第一年，体育产业值加值在GDP中的比率就高达1.22%，提前完成目标。宁波市也在2018年以503亿元和169亿元超额完成了体育产业总产出和体育产业增加值两项指标。在各市体育彩票销售都没有完成指标的情况下，丽水市和绍兴市却在2016年就超额完成了目标。而嘉兴市和湖州市虽然都发布了明确的"十三五"规划指标，但是就现有数据而言，暂时还查阅不到相关指标的完成情况。而金华市和衢州市虽然没有提出明确的"十三五"规划目标，但是两市的体育产业也得到了极大的发展。截止到2019年，衢州市市体育产业的增加值是13.99亿元，占当地GDP的比率是0.89%，体育服务业的增加值为7.18亿元，占当地体育产业增加值的比率为51.3%，体育彩票销售额达到3.3亿元。金华市则以1.62%的体育产业增加值占地区GDP的比率，连续四年稳居第一，并以"体育+特色村（居）"的模式，促进体育产业平稳发展。

最后，综合分析各都市区内各市体育产业发展区域性特征来看，从体育产业经济效应方面来看，各都市区内各市国民生产经济GDP总量持续攀升，体育产业的区域经济增长效应不断提高；从体育产业结构方面来看，体育彩票的销售情况作为体育服务业的重要构成部分，在一定程度上反映了浙江省各都市区体育服务业的占比不断提高，体育产业结构不断优化；从体育产业布局方面来看，举办体育赛事的地区主要集中在区域内经济发展水平较高的地区，建设体育特色小镇的地区分布比较均衡，体育产业布局不断完善。

二、建议

在"十三五"时期，浙江省及各市体育产业发展成效显著。体育产业规模不断扩大，体育市场活力不断增强，体育基础设施不断完善，体育产业经济效应进一步增强。虽然浙江省及各市体育产业取得了显著的成就。但是从总体来看，浙江省的体育产业发展还存在着不足之处。体育产业区域发展不平衡不充分，与人民群众多元化体育需求之间存在很大矛盾；各区域体育产业模式缺乏特色；体育产业政策不够完善。

（一）推动全省产业协同，缩小区域产业差距

在"十三五"时期，浙江省各市都很重视本市区域体育产业的发展，虽然各市体育产业发展水平都有很大提高，但是忽视了与其他区域体育产业的联动发展，导致各区域体育产业发展存在着不平衡不充分的现象，区域间体育产业发展水平的差距并没有明显缩小迹象。通过以体育产业总产出、体育产业增加值两项指标作为衡量区域体育发展水平的指标可以看出，杭州都市区体育产业发展很快，成就显著；宁波都市区体育产业发展迅速，紧随其后；而温州都市区和金华—义乌都市区体育产业发展比较落后。浙江省各市的体育产业发展水平存在很大差距，这与当地经济发展水平呈正相关性。良好的经济基础是体育产业发展的基础，以浙江省各市国民经济GDP总量（图1.7）为指标可以看出：杭州市、宁波市等经济发展水平较高的城市，体育产业总产出和体育产业增加值这两项指标完成度很高。由此可以看出，经济发展水平较高的地区，体育产业发展水平也较高。浙江省各区域应当相互合作，整合利用各区域的资源优势，加速各区域间体育产业的一体化发展进程，尽力缓和区域间体育产业的发展水平差距。

（二）创新区域发展模式，完善区域发展体系

浙江省及各市在体育产业发展过程中基本都形成了"举办赛事—特色小镇—体育产业平台引进资金"的体育产业发展模式。虽然这种区域体育产业发展模式在初期促进了当地体育产业的飞速发展，但是由于各区域经济基础和区位优势不同，浙江省各市在借鉴其他区域体育产业发展成功经验的同时，容易忽视自身发展优势，没有形成具有区域特色的赛事文化、体育小镇文化，以及资金链文化，不能维持区域体育产业的高质量可持续发展。应当根据自身区域优势进行改革创新，制定适合自身的体育产业发展模式，比如，金华市"体育+特色村（居）"融合发展模式，就是金华市根据自身农村区位优势探索出来的，因此这种模式能够很好地促进金华市体育产业的发展。在积极打造体育产业基地平台以引进资金的同时应当

引导社会资金加入体育产业的发展，完善区域体育产业的发展体系，为体育产业发展提供资金保障。

（三）提升区域政策供给，加强政府部门引领

体育产业政策是政府引领体育产业高质量可持续发展的经济手段，是由各地体育相关政府部门通过规划、制定以及发布体育产业相关政策法规，对当地体育产业发展具有引导和监督的作用。因此体育产业政策的制定以及发布一定要具有前瞻性和引领性。在"十三五"时期，浙江省大部分市区都制定了自身的体育产业政策，但是有些市还没有公布自身的体育产业政策。以四大核心城市"杭州市—温州市—（金华市—义乌市）—宁波市"为例，从表1.16可以看出，体育产业"十三五"规划目标明确的区域，体育产业体系相对完善，区域性指标的完成度更高，比如杭州市、温州市、宁波市这三个市都制定了明确的体育"十三五"规划，而且在规划中都对体育产业的区域性目标和具体的区域性指标做了较为详细的说明，因此这三个市"十三五"期间体育产业发展的区域性目标和区域性指标都存在着超额提前完成的现象。而缺乏自身的体育产业政策的区域，体育产业发展相对滞后，比如金华市在"十三五"期间没有公布明确的体育产业规划，虽然公布了《金华市全民健身实施计划（2016—2020年）》，但是并没有提出体育产业发展的区域性目标和具体的区域性指标，因此在体育产业发展过程中，可能存在着目标不明确、发展较盲目的情况，严重影响了体育产业的发展。因此需要不断完善区域体育产业的政策法规，强化政府参与体育产业市场的引领和监督作用，为区域体育产业发展提供有力的政策支持。

（四）展望

浙江省各都市区内各市体育产业的经济效应作用日益显现。各都市区内的体育产业规模不断拓宽，体育市场的活力不断提升，体育产业的总体

发展水平不断提高。浙江省各区域间体育产业存在着严重的发展水平失衡的现象，杭州都市区和宁波都市区经济基础较好，体育产业发展水平比较高，体育产业发展规模较大，体育产业结构和布局比较完善，两大都市区的经济影响力比较大。但是温州都市区和金华—义乌都市区的体育产业发展相对落后，体育产业结构和布局不够完善，经济影响力和知名度不够高，但是其后发优势已经初步显现。从浙江省四大都市区的体育发展区域性特征可以看出，四大都市区的体育产业发展结构和布局与浙江省体育产业总体规划区域性目标一致，并且四大都市区都采取了一系列的措施来实现省总体区域性目标，虽然"十三五"已经结束，各都市区的体育发展距离总体区域性目标还有很大差距，但是通过各区域体育政府机构对体育产业政策的不断规划和对体育产业发展的不断引领，相信在"十四五"期间，各区域体育产业发展水平会更进一步，实现"共同富裕示范区"的区域性目标。

第二章 浙江省大型体育赛事企业赞助行为研究：以宁波国际马拉松为例

第一节 本章研究背景

一、大型赛事赞助的发展现状

近年来，随着我国经济的高速发展，我国的综合国力和国际竞争力不断提高，经济社会各方面取得长足的进步，尤其是体育产业，在竞技体育和全民健身运动持续高涨的热潮下实现跨越式发展，一大批国际大型体育赛事接踵而至，落户我国。因此，涉及的体育赞助业务也越来越多。其中，马拉松赛事是增长速度最快的体育赛事，各级各类马拉松赛事数量出现井喷式增长，在赛事数量增长的同时，比赛质量也在不断提升，赛事的商业性越来越强，对于消费者的号召力也越来越大。在广告效应和丰厚收益的驱使下，越来越多的企业意识到参与体育赛事赞助的重要性和必要性，这也促进了体育赛事赞助在我国的快速发展。然而，我国体育产业正处于发展的初级阶段，在缺乏理论经验和实践经验的现实背景下，还需要一个漫长的发展和积累的过程，体育赞助行为也同样需要得到可靠的理论支持以及对体育赛事赞助实践经验的总结，这是进行本章研究的主要动因之一。

当前，在体育赞助的研究方面，国内外专家学者主要关注企业赞助行为的决策过程以及作为拥有双重身份的赛事参与者和消费者的个体对赞助企业品牌的认识态度这两个方面，而从企业视角对企业赞助行为及其对赞助策略的影响方面进行的研究则相对较少。本章将会站在企业的角度，研究企业赞助体育赛事的目的、达成目的的行为以及最后的策略，并通过对第二届宁波国际马拉松赛事赞助商的调查分析反馈，分析企业出现不同目标的不同原因，力争为企业的赛事赞助行为提供理论依据。本章主要研究目的就是协助企业优化赞助决策和赞助执行过程，并实现合理配置资源和提高企业赞助效益。

二、企业赞助大型赛事的现实意义

2016年7月，国家体育总局正式发布《体育产业发展"十三五"规划》（以下简称《规划》），这是对《国务院关于加快发展体育产业促进体育消费的若干意见》（即"46号文件"）精神的承接与具体落实，《规划》内容充实、条理清晰地展示了"十三五"期间我国体育产业发展的主要措施，这不仅表示体育产业已经得到了国家层面的进一步推动，而且标志着体育产业必将成为满足人民群众多样化的体育需求、拉动经济增长的新兴支柱性产业。近年来，我国体育产业持续快速发展，体育产业版图逐渐完整，体育产业构成渐趋合理。整体看来，已形成以竞赛表演业和健身休闲业为领导，以体育用品业为支撑，以体育经纪、体育培训、体育场馆等业态形式持续推进的良好局面。而作为体育主体产业重要一员的竞赛表演业，近年来迅速地发展着，国家举办体育赛事的数量日渐增加，档次和规模也越来越大，宁波市作为沿海强省浙江省的第二大城市，每年举办的体育赛事数量都在增加。

对比欧美等经济发达国家，受前期相对封闭的市场环境制约，我国体育赞助市场起步较晚，基础相对薄弱。在赞助决策、运作以及效益评估等方面都与国外先进国家有着很大的差距。对我国企业而言，体育赞助还是一个比较新的领域，尚未被完全开发。我国多数企业在赞助体育赛事之前未明确赞助目标，赞助活动策划也有待改善，总体缺乏体育赛事赞助实践经验。为应对体育赞助市场的快速发展，广大中国企业、体育赛事管理者、运营者应不断加强对理论知识的学习和对实践工作的概括总结，完善体育赞助工作中的细枝末节，切实增强体育赞助工作的科学性、合理性。

本章结合对宁波国际马拉松比赛赞助企业的实证调研，梳理企业赞助现状。在国内对于体育赛事赞助市场开发的学术研究中，较多是从体育赛事举办者的角度出发，或者整体讨论大型体育赛事商业开发的现状与问题，再或者从分析个案的角度来为大型体育赛事组委会招商提供具体建议，而鲜有从赞助企业的角度剖析企业赞助行为受到哪些条件影响。总而言之，本研究希望通过系统研究与分析，收集大型体育赛事赞助市场中的赞助企业对于赛事赞助前、中、后的行为分析，初步总结一些关于中国大型体育赛事赞助市场的规律，为以后的相关理论研究奠定基础，以期能够提高我国企业体育赞助的实际效益，此为本章研究重要的现实意义。

对于赞助同一体育赛事的不同赞助商，其属于不同行业，拥有不同赞助目标。本章基于企业本身特点和经营目标，探讨其赞助策略，为企业决策人提供合理更优的决策理论依据。

三、本章研究对象

本章研究对象为大型体育赛事的企业赞助行为。研究从对体育赛事赞助的企业出发，在明确企业赞助体育赛事目的的前提下，讨论体育赞助行为以及赞助目标与策略之间的关系，提出较为成熟的基于企业目标的体育赛事赞助策略，为企业今后进行体育赛事赞助提出可行性建议。

四、研究方法

（一）文献资料法

通过查阅和整理相关文献，总结出近些年我国企业赞助体育赛事的现状和问题，体育赛事拥有的无形资产资源，体育赛事的举办过程对赞助企业营销的影响，企业对体育赛事赞助的具体情况等方面的内容。

（二）专家访谈法

本章在讨论赛事赞助商赛事权益应用和赞助推广活动举办以及构建赛事赞助策略时拟采用此法，对从事商业赞助的企业负责人以及高校体育研究领域专家进行结构性访谈。根据问卷设计大体访谈提纲，在得到对赞助企业发放的调查问卷反馈之后，详细根据问卷回答内容完善访谈提纲。例如将根据企业是否自行举办推广活动制定两种不同的访谈题目，并与宁波大学体育经济方向研究专家进行访谈，在研究思路等方面获得许多有用指导。通过了解企业对体育赛事赞助的具体情况，获取相关规定，了解其赞助开展情况，获取其针对体育赛事赞助发展问题的观点和建议并结合专家建议制定体育赛事赞助决策依据。

（三）问卷调查法

笔者向 2016 年第二届宁波国际马拉松比赛的 14 家赞助企业中的 12 家企业发放问卷，到本研究成文时，有一家企业已停止生产经营。探索当前企业对体育赛事的赞助态度和赞助现状、这些状况产生的原因及体育赛事赞助发展的影响因素。问卷的问题是根据体育赛事赞助中先后涉及的行为设置的，均属于企业进行赛事赞助时需考虑的较关键问题。问卷填写人员均为赞助企业市场经理以上级别的人员，收到问卷反馈后，会根据每份问卷填写内容电话回访填写者，了解更多具体信息，以保证问卷调查的可信性和有效性。问卷填写形式是将问卷电子版发给企业负责人，填写完毕后发回。本研究共发放问卷 12 份，回收 12 份，全部为有效问卷，占发放问卷的 100%。

（四）逻辑演绎法

从问卷调查的结果中发现问题，从以往文献资料中和实证研究的结果中找到体育赛事赞助的影响因素，并结合相关理论归纳总结出企业赞助体育赛事的策略。

第二节 国内外研究现状

一、国内外大型体育赛事的研究现状

国内外对大型体育赛事多从其价值、影响的方面进行研究。Essex 和 Chalkley 的研究[1]认为奥运会对主办地区会产生正负两方面的影响：一方面主办城市对奥运会的大量投资可能会促进其经济发展、基础设施投资加大和环境改善；另一方面也可能产生浪费资源、忽视当地人民其他方面的需求等问题。Jordan Rappaport 和 Chad Wilkerson[2]提出体育赛事具有三个方面的重要作用，分别是对政府而言增加税收，对社会而言扩大就业，对居民而言提升生活品质。沈建华和肖峰[3]认为，大型体育赛事能够帮助举办城市形成特色鲜明的良好城市形象，在完善城市基础设施建设，增添城市地标性建筑的同时，提升城市软实力，增强城市活力，加速城市发展。唐晓彤和丛湖平[4]认为，大型体育赛事将加速举办城市的市政基础设施建设，提升服务业发展水平，对举办地的环保、卫生等多个产业产生影响。关正春和刘晓盼[5]认为，大型体育赛事对举办地经济社会各方面发展所具有的

---

[1] Stephen Essex&Brian Chalkley. Olympic Games: catalyst of urban change [J]. Leisure Studies, 1998 (17): 187-206.

[2] Jordan Rappaport, Chad Wilkerson. What Are the Benefits of Hosting a Major League Sports Franchise-FederalReserve [J]. Bank of Kansas City-Economic Review, 2001 (1): 46-53.

[3] 沈建华, 肖锋. 大型体育赛事对城市形象的塑造 [J]. 沈阳体育学院报, 2004 (12): 784.

[4] 唐晓彤, 丛湖平. 大型体育赛事的产业关联和波及效应的理论研究 [J]. 成都体育学院学报, 2006 (32): 11.

[5] 关正春, 刘晓盼. 承办大型体育赛事对城市发展的影响 [J]. 社会观察, 2007: 122.

促进作用不可估量。黎冬梅和肖峰[1]在《举办大型体育赛事对大都市经济影响之研究》中指出，大型体育赛事一经落地，将产生大量投资机遇，直接拉动举办地的经济增长，为举办城市的产业结构优化升级和社会转型发展提供契机。肖峰等[2]认为，大型体育赛事对举办地扩大投资、消费升级、优化经济结构、完善产业布局等方面产生的经济影响，将成为推动其向国际性大都市不断发展的重要动力。

二、国内外体育赞助的基本研究

（一）体育赞助的定义

由于受到时代背景、认知环境及主观态度等条件的影响，专家学者对赞助一词的认识也各不相同。早年我国学界部分专家将赞助定义为企业免费向社会单位提供的无偿资助。我国台湾省教授刘念宁和康永华提出，所谓赞助是指通过劳务输出和资金供给向社会提供福利，增强或扩大公共利益辐射范围，是一种表露善心或为社会做贡献的行为。其具体行为表现涉及社会福利、教育、医疗、文艺、体育等多个方面。而另一说法却指出赞助是企业之间资源交换的商业营销活动，例如蔡俊武[3]等认为赞助是一种由企业即赞助商与公益事业单位即被赞助者之间双方或多方进行的，以商品交换的一般原则为中心，以平等合作为前提，以互利共赢为原则，以提供支持和获取回报为内容的营销手段。国外关于赞助有记录可循的最原始定义是1917年英国体育顾问委员会（Sport Council of the UN）在报纸评论

---

[1] 黎冬梅，肖峰. 举办大型体育赛事对大都市经济影响之研究[J]. 河北体育学院学报，2007（3）：23.

[2] 肖峰，黎冬梅，李鸿煊. 举办大型体育赛事对大都市的要求和产生的经济影响[J]. 山西师大体育学院学报，2004.

[3] 蔡俊五. 体育赞助的起源、地位和作用[J]. 北京体育师范学院学报，1999（4）：13-20.

上给出的：赞助是一种以付出特权和便宜为回报，以"出风头"为最终目标的资金或劳务捐赠。这一概念表明当时的赞助基本等同于捐赠，较之现在的环境显然是比较片面。进入20世纪80年代以后，国际赞助研究到达最迅猛的阶段，无论是学者还是业界纷纷对赞助的定义提出了自己的见解。Acumen市场集团[①]对赞助的解读主要从赞助的目的层面进行，它提出：赞助企业向一些独立的原本不存在商业目的的行为提供金钱和物资支持，以期从支持中斩获商业利益。可以看出，较之英国体育顾问委员会提出的观点，两者虽说都是以赞助目的为出发点来描述赞助的定义，但可以明显地发现两者已经有了本质的不同。前者认为赞助基本等同于捐赠，后者认为赞助已经不等同于捐赠，而是具有一定商业目的的行为。海德（Head）[②]在上述观点的基础上提出："现代赞助从本质上讲是赞助双方基于共同认识，所达成的共同利益的一种商业协定，通常会具有一个确定目标的兑现。"这一观点是目前被国际社会广泛接受的关于赞助的理论描述。格伦鲁斯（Grönroos）[③]认为："赞助是一种交流和资源交换的商业策略，可以分为长期目标和短期目标，其目的是提高市场销售额；赞助应使所有参与者获利。其结果可与预定的目标比较。"这种对赞助的理解方式在阐明赞助的本质特征的同时，也谈到了赞助的预期评估和效益评估，是一种较为全面的理解方式。王科[④]认为，赞助是赞助双方，在法律地位平等的前提下，基于各自不同目的，在双方共同利益的指引下，通过等价交换的形式进行的商业交易行为。总结以上观点后可得出，赞助企业即赞助商和被赞助方的利益达成方式都是通过"支持"与"回报"间的等价交换实现的。

---

① 俞成士. 对体育赞助的定义和结构的理论研究［J］. 南京体育学院学报（社会科学版），2002（3）：7–9.

② Head. Sponsorship–The newest marketing skill［M］. Wook head–Faulkner，1981：15–18.

③ Grönroos C. Relationship marketing: strategic and tactical implications［J］. Management Decision，1996，34（3）：5–14.

④ 王科. 体育赞助合同研究［D］. 南京：南京师范大学，2015.

第二章　浙江省大型体育赛事企业赞助行为研究：以宁波国际马拉松为例

体育赞助是赞助的一个分支，关于体育赞助，国内外专家学者也给出了各自不同的理解。刘文董和张林[1]研究指出，体育赞助是赞助企业与被赞助企业以体育为中介资源，进行资源互换，并以此实现拓宽市场和与潜在客户沟通目的的营销手段。这一界定包括了三方面的内容：赞助的本质是一种资源交换关系；赞助的根本目的在于拓宽市场；赞助不是单向活动，而更倾向于是一种赞助企业为达成利益而进行的营销活动。赞助的根本目的在于开拓市场，现代企业以营利作为最基本目的，企业通过现金投入、产品投入、劳务投入或技术投入为自身开拓更大的市场空间，并获取相关体育组织中的重要资源。邓春林对于中国市场体育赞助的特征进行了总结，包括：①自主决策性；②商业性、公益性与有偿性；③非所有权转移和依附性；④宏观上的非完全等价交换性和风险性。此外，邓春林[2]提到当前国内外众多专家学者对体育赞助的性质尚未形成相对统一的界定。有的学者认为是企业营销的商业活动才是体育赞助；有的学者认为个人捐赠和企业捐助等赠与行为也是体育赞助。布鲁克斯（Brooks）[3]对于体育赞助的理解，进一步阐述了赞助企业与体育受益方之间的联系，他认为："体育赞助使得赞助企业可以通过资金、技术或产品等价交换形式从被赞助方即体育单位获得一定权益，并通过多种形式的活动或形象推广将自身与体育单位建立联系，以此达到宣传自身企业并与潜在客户产生沟通的目的，最终实达成企业的赞助效益。"布鲁克斯的观点比较强调体育赞助对于赞助企业的作用，在一定程度上忽视了体育赞助对于体育本体所应该发挥的促进作用，从这一点看来，王科对体育赞助的理解更为全面。他认为，体育赞助从本质来讲是赞助双方进行交换的互动过程。一方面，作为赞助

---

[1] 张林，刘文董. 上海市体育赞助现状分析［J］. 上海体育学院学报，2004，28（2）：19-23.

[2] 邓春林. 体育赞助与《合同法》［J］. 天津体育学院学报，2005，20（4）：25-27.

[3] Brooks C. Sports Marketing: Competitive Business Strategies for Sports［M］. New Jersey: Prentice Hall，1994.

方的各级各类企事业单位、社会团体或个人以资金支持、实物支持、技术支持等方式为作为被赞助方的体育赛事、体育组织或运动团体（个人）提供支持；另一方面，赞助方从被赞助方处获取达成其商业目的的可观回报。[1]在以上文献综述中，研究者所使用的"体育赞助"概念特指体育赛事赞助。

由此可见，受时代背景、认知环境等条件影响，加之众多专家学者对体育赞助认识的侧重点各有偏向，目前对体育赞助一词的理解尚未形成一个统一的认识，但结合当前时代背景，将体育赞助理解为"赞助双方基于各自目标，共同推动的商业活动"是完全可以接受的。

（二）体育赞助的性质和特征

Sleight[2]提出赞助是一种商业关系，在这种商业关系中赞助双方各有所取，赞助方从中取得一种关联性权利，并利用其开发商业优势，而被赞助方则更为直接地取得产品、资金或技术服务。Calderón-Martínez等人[3]认为，赞助可以根据其目的不同，分为慈善性和商业性赞助。他们将慈善性的赞助定义为一种在社会环境中提升企业形象和社会认同度的工具，而另一方面，他们把商业性赞助定义为一种为了达成诸如提高企业知名度或者销售商业目标所进行的活动。国内学者蔡俊五[4]把体育赞助的性质明确为一种营销沟通工具，体育赞助属于营销大类下沟通中赞助的分支。Masterman[5]分别对赞助作为公共关系和促销的两种形式进行了分析。卢长

---

[1] 王科. 体育赞助合同研究[D]. 南京：南京师范大学，2015.

[2] Sleight S. Sponsorship: What It Is and How to Use It[M]. New York: McGraw-Hill Book Co. Limited，1989.

[3] Calderon-Martinez A, Mas-Ruiz F J, Nicolau-Gonzalbez J L. Commercial and philanthropic sponsorship[J]. International Journal of Market Research，2005，47（1）:75-79.

[4] 蔡俊五，赵长杰. 体育赞助：双赢之策[M]. 北京：人民体育出版社，2001.

[5] Masterman. Sponsorship: For a return on investment[M]. Elsevier，2007：34.

宝[①]通过对赞助的公益性和商业性、赞助的关联度、赞助与事件的关系、赞助在整合营销中的地位等方面的研究和分析，认为赞助从本质上来说就是一种"赞助营销"。在体育赞助的特征方面，国内专家学者也提出了许多不同的观点。杨晓生和程绍同[②]在《体育赞助导论》一书中从整体上对体育赞助进行了剖析，将体育赞助的特征归纳商业性、服务性、多元性等七种。邓春林[③]对于中国市场体育赞助的特征进行了总结，包括：①自主决策性；②商业性、公益性与有偿性；③非所有权转移和依附性；④宏观上的非完全等价交换性和风险性。由此可知，国内外学者在"体育赞助是一种营销沟通手段"的概念上达成了一致，其特点应重点关注赞助行为的商业性、服务性、风险性、广泛性。

三、国内外体育赛事赞助的现状研究

Lagae[④]在《体育赞助与营销沟通》一书就企业在体育赞助的整合营销计划中可能遇到的障碍进行了相关的论述：①企业管理者对于体育的爱好可能会影响赞助决策过程；②广告公司对于体育赞助营销项目的冷漠；③企业对于不可控因素的担忧；④企业对于媒体曝光的惯性意识；⑤企业在沟通和协调上的缺失。Farrelly[⑤]研究的主要出发点为赞助企业和赛事违反赞助合同，并且探讨赞助商企业中途退出的原因，其中总结为：①赛企不吻合或者说赞助赛事与企业的经营目的存在差异；②在体育赞助行为高速发展的情况下，赛事主营单位适应不过来；③赛事方因太过重视赛事的经济贡献而

---

① 卢长宝．国外赞助营销研究新进展［J］．外国经济与管理，2005，27（5）：28-33．

② 杨晓生，程绍同．体育赞助导论［M］．北京：高等教育出版社，2004（6）：4．

③ 邓春林．体育赞助与《合同法》［J］．天津体育学院学报，2005，20（4）：25-27．

④ Wim Lagae. Sports Sponsorship and Marketing Communications: A European Perspective［M］. Toronto: Pearson Education, 2005.

⑤ Farrelly. Not playing the game: Why sport sponsorship relationships break down［J］. Journal of Sport Management, 2010（24）: 319-337.

忽略企业对于权益回报或赞助效果的考虑；④赛事组委会、主办方或运营单位与赞助商对于双方合作的投入度和忠诚度不匹配；⑤赛事组委会在资源和能力上有所欠缺。赵志娟等人[1]提出中国在20世纪80年代初进入了体育赞助行为的初始阶段，90年代后体育赞助在我国飞速发展，主要表现在以下几个方面：①体育赞助的增长规模加大、速度加快；②管制体育赞助的法律初步形成；③体育赛事赞助任务的组织机构分工和谐明确。企业交付的体育赞助资金填补了各级体育相关部门业务经费的空缺，是一项体育事业发展经费的重要来源。娄道舰[2]客观务实地分析了我国体育赞助的现有水平，例如，体育赞助虽取得了一定的效果，但是总体发展水平还是较低。并罗列出制约其发展的原因，例如，来自外部经济大环境的因素、来自体育协会及其相关组织部门的因素等。且提出了相应发展对策：①加强体育赞助的法制建设；②加强体育组织的市场管理能力；③增强体育相关部门的体育公共关系意识；④加强体育赞助中介市场的培育等。肖力等人[3]从企业的角度具体地分析了企业进行体育赞助的现状并提出旨在让企业更好地利用赞助手段的对策。讨论结果得出，我国企业、群众或体育从业者对体育赞助行为的认识还停留在初级阶段并且短期行为很明显，这与发达国家有很大的差距。相应的对策有加强理论学习、选择合理的赞助形式，保持体育赞助的持续性、节奏性和整体性等。李世想等人[4]也从企业的角度分析我国体育赞助企业赞助的现状为体育赞助短期行为较多、赞助企业与各组织机构缺乏统一的协调以及体育赛事的诚信度不高挫伤了体育赞助企业的积极性。提出的相应对策有：①不盲目赞助；②选择合理的体育赞

---

[1] 赵志娟，唐勇翔. 析我国体育赞助的现状及成绩[J]. 南京体育学院学报，2005，19（4）：72-73.

[2] 娄道舰. 我国体育赞助发展的制约因素及其对策[J]. 四川体育科学，2005（3）：4-17.

[3] 肖力，吕志刚. 我国企业体育赞助的现状分析及发展对策[J]. 吉林体育学院学报，2007，23（6）：22-23.

[4] 李世想，唐苏娜. 我国企业对体育赞助的现状及发展对策研究[J]. 湖北体育科技，2008，27（2）：136-137.

助形式并建立赞助目标；③体育市场开发部建立完善的诚信体系；④赛事赞助企业应构建多方面的评估体系。由此可知，在我国特定的社会背景下，我国体育赞助的快速发展需要体育市场开发部门和企业的不断探索以及共同努力。周雪兰[1]在对可口可乐公司奥运赞助营销经典案例进行分析之后，结合市场营销赞助管理理论与品牌形象转移理论，分析了体育赞助营销策略实效性的获取手段即营销整合，它包含媒介传播和活动的组合运用、不同阶段营销活动的整合、与不同利益相关者关系的整合、企业内部职能的整合。

四、体育赛事赞助的策略研究

国内外研究者基本上是从企业自身出发探讨体育赛事赞助方针，着重考虑如何去操办赞助的决定和执行这两个方面。首先在赞助的决策过程方面，Masterman[2]认为，公司做出体育赞助的决定前应该包含目标市场把控、取得联系、权益运用、效益评估这四个阶段，这是从战略的高度考虑的。然而Beech和Chadwick[3]则重点研究赞助商为完成管理目的而规划赞助行为管理的不同时期，包括回顾企业营销计划和理由，列举赞助企业赞助目的并总结和排列先后次序，依据既定的赞助理由及次序选择相应的赞助效果评价体系，查找并选择赞助方案、赞助方法执行，依据企业的赞助目标进行赞助效果估算。耿力中[4]提出，不同赞助商的赞助目的不同，赞助目标也不尽相同，赞助目标总结出来大体有以下四个，即主营业务引力、外部因素、赞助企业特性和被赞助赛事特点。赞助商在考虑赞助市场营销计划时，需要将企业品牌属性以及主营业务与被赞助赛事之间的关联程度纳入考虑范

---

[1] 周雪兰. 体育赞助营销策略的实效性研究[J]. 营销策略, 2012(1): 45-52.

[2] Masterman. Strategic Sports Event Management, In international approach[M]. Elsevier Butterworth-Heinemann, London, 2004.

[3] Beech and Chadwick. The Business of Sport Management[M]. Pearson Education, 2004.

[4] 耿力中. 体育市场——策略与管理[M]. 北京：人民体育出版社，2002：108.

围之内,并且需要关注此赛事的受关注程度、曝光率、影响范围等因素。说到体育赛事赞助策略,郑维[①]强调道:企业赞助体育赛事的策略一定是要服从于企业整体发展的总战略,是在战略思想的原则、目标、要求指引下,采取的相应方法和手段。在《体育营销策略探析》研究中,高小玲[②]强调了我国的企业在实施体育赞助时应注意到的问题,包括关注对体育赞助营销在战术战略上的计划、重视体育营销的创新性、根据企业情况来选择体育营销的平台等。

第三节 企业赞助体育赛事的行为分析

一、赞助目标

在管理职能的探索中,法约尔提出了管理的五大职能,即计划、组织、指挥、协调、控制。企业以五大管理职能为遵循,能够更好地开展生产经营活动。其中,首要职能为计划职能,在企业内部管理中,企业会根据内外环境和既定目标来制定计划。所以,确定企业不同时期战略战术目标是制订计划前需要先明确的。在赞助行为中同样也适用。

在做出赞助行为的最初实践以前,企业首先进行赞助目标的讨论和制定,再依据赞助目标初步制定赞助计划,开展赞助活动。并不是所有企业在进行赛事赞助时目标都没有差异,选择同一个赛事进行赞助的不同企业,其总体赞助目标基本相似,但事实上也有细微差别。因此,本节拟从探究企业赞助体育赛事的目标出发,梳理和分析企业赞助体育赛事的内容陈述,结合具体分析方法,以期从中找出企业对体育赛事赞助的需求规律,并归纳总结出企业赞助体育赛事目标的特征。

---

① 郑维. 国内企业赞助体育赛事策略研究[D]. 北京:首都体育学院,2009.
② 高小玲. 体育营销策略分析[J]. 企业活力,2006(11):32-33.

（一）企业赞助目标概述

体育营销的优点是投入低、效益高，相比于传统广告较少出现分流的情况。无论是在电视、网络、广播等哪一类媒体上，体育都受到全球来自不同文化背景、不同生长环境的人的普遍欢迎，接受程度更高、影响力更大、受众更广。利用体育这一天然的优势，再加之体育赛事赞助的投入较低，总体更加说明体育赛事赞助是企业发展壮大过程中不可忽视的营销一环。

企业选择赞助体育比赛来实现更高的企业收益额，不遗余力地争取到体育赛事赞助权利，为的是借助体育赛事的影响力来为自身带来好处。赛事赞助作为一种平等互利的资金投入行为，赞助商一定会出于某种原因而进行，为得出具体原因，我们选用内容分析法进行研究。首先列出对第二届宁波国际马拉松比赛进行赞助的所有企业，对其一一进行关于赞助目的的调研访问，在问卷中提炼出有关赞助理由的关键词，表2.1为对企业赞助理由的整理结果。

在这12家企业赞助目标的描述中，涉及了企业经营推广目标的三种类型，分别是品牌推广、业务发展、品牌形象。展开来说，企业选择赞助体育赛事来拓展区域市场、进军体育领域，是在为品牌做推广，甚至直接认为这一举动是为了推广企业品牌，90%以上的企业在勾选赞助目标时，都勾选了"品牌推广"；多数生产类企业尤其是运动相关产品生产企业的赞助目的更偏向于扩大产品销量、增加与客户沟通或客户体验的机会，这些证明了企业有业务发展的目标；而在企业形象目标上，企业也是从多方面考量，有些企业认为本公司品牌与体育赛事关联度强或是与体育有共通点，通过赞助体育赛事可加强其在消费者心中的某种地位，也有企业愿意通过赞助体育赛事表达对中国体育事业发展的支持等等，这些都从不同方面表现了企业希望树立某种品牌形象以达到经营目的。

（二）企业赞助目标类型

企业赞助目标类型如表 2.1 所示。

表 2.1　企业赞助目标类型

编号	赞助企业	赞助等级	关键词
1	吉利汽车	冠名赞助商	品牌推广、提供客户体验的机会、扩大销量
2	美的地产	钻石赞助商	品牌关联度强、品牌推广、提供客户体验的机会
3	海尔斯	钻石赞助商	扩大销量、建立与客户的沟通平台
4	中国平安有限公司	赛事供应商	支持马拉松比赛、品牌推广、扩大销量
5	杉杉股份	赛事供应商	品牌推广、扩大销量
6	水动乐	赛事供应商	品牌推广、建立与客户的沟通平台
7	宁波轨道交通	赛事供应商	扩大销量、企业领导热爱体育事情、品牌推广
8	艾菠玛	赛事供应商	拓展区域市场、扩大销量、建立与客户沟通平台
9	跑能	赛事供应商	
10	钱江食品	赛事支持单位	支持中国体育、品牌推广、支持马拉松比赛
11	Podoon	赛事支持单位	扩大销量、建立与客户沟通平台
12	BEIFA	赛事支持单位	扩大销量、企业领导热爱体育事情、品牌推广

1. 品牌推广目标

笔者在对大部分企业访谈的过程中，发现多数公司的市场经理都有着行业直觉，认为赞助体育赛事有利于品牌推广，提升企业知名度。在上述关键词的提炼中，不包括品牌推广的延伸含义，"品牌推广"一词直接出现的频次为 6 次，占所有赞助总数的 75%，也就是说，对于进行体育赛事赞助的企业来说，品牌推广这一概念都不会感到陌生。应该说，以品牌推广为赛事赞助目标的企业，是为了在某些特定目标受众的意识中加深某一品牌或产品或是一个公司的印象，并在此基础上发展一部分新的潜在消费群体。依据往年的数据及经验，凭借电视、网络等媒体对重大体育赛事的报道和转播，赞助国际或国家级比赛对于企业品牌推广或提升知名度的目标效果十分明显，所以媒体曝光率往往是企业赞助赛事最为看重的权益。而大型体育赛事活动拥有广泛的媒体宣传途径，特别是电视、网络媒体以及平面媒体的曝光对赞助企业而言尤为重要，所以赞助权益中最为重要的宣传类权益就是媒体宣传权。品牌推广的含义是指企业通过一系列营销活动塑造自身及产品品牌形象，与此同时获得消费者对本品牌及其产品认同的活动过程，其主要目的是获得品牌知名度的提升。①

品牌推广下面有三元理论，即品牌推广下的三个层次。分别为品牌推广的宽度、深度和维护。结合内容分析法的概况及企业访谈的实际情况，我们可以结合品牌推广的三层次进行考虑。一是品牌宽度，即品牌在消费者心中的影响范围，主要指品牌知名度。强势的打造和推广是扩大品牌宽度的主要方法，主要体现在用广告、海报对品牌进行宣传，在马拉松比赛中，现场广告板、横幅等是具体体现，而广告出现次数越多，品牌宽度相应越广。二则是品牌深度，可理解为品牌在消费者心中的影响程度，决定了消费者的忠诚度、复购率等。通过与消费者互动、打造企业文化等方式可抓住消费者的心，提高忠诚用户转化率。在马拉松比赛中，赞助企业可通过自主举办促销活动等方式实现这一品牌推广层级。三是品牌维护，主要指在外界环境不断变化时公司对自身品牌产品的维护。

2. 业务发展目标

众所周知，具有营利性质的企业生产经营的首要目标就是营利，而提高产品销量无疑是最直接的实现此目标的方式。所以企业进行赞助行为最不可或缺的原因就是扩大销量，直接表现于经营产品销量的提高。围绕这一目的所产生的表现形式多样，有企业主体发展、发展商业合作、用户互动及产品推广等，本研究将之概括为业务发展目标。

企业主体发展是指从公司内部环境出发的发展与提升，包含企业内部管理、市场营销能力等，这里重点谈企业内部管理中的计划、激励、创新职能。首先需要考虑的是，赛事是否能与企业自身的发展策略相对应起来，再思考企业是否赞助体育赛事。赞助赛事是可以为企业发展做宣传得到正向的效果，还是花钱出力却并不讨好的事情，这就需要企业管理人员具有关于公司发展目标、实现目标途径的深刻认识和增强权变思想的意识。其

---

① 巨天中. 品牌推广 [M]. 北京：中国经济出版社，2004：69-70.

次，企业赞助权益中有公关礼遇一项，其中可能包含 VIP 观赛席、免费参赛名额等，这一类权益回报可回馈公司员工，使企业对员工进行激励，实现调动员工积极性、促进公司内部和谐，从而为企业内部发展助力的目的。最后，企业与体育赛事牵手，能够促使公司不断思考研发新品或新的营销政策及服务，实现企业全面创新。例如，海尔斯自从 2014 年开始，就在全面进军体育赛事赞助事业的道路上越走越远，成功成为国际田联发展中心专业运动鞋生产基地，陆续与国际马拉松及公路跑协会、中国国家田径少年队等机构合作，在提高企业知名度的同时，也在专业领域越攀越高，不断进行创新，走在行业领域的前沿，全面印证了体育赛事赞助可实现企业主体发展的目标。发展商业合作是指赞助企业通过体育赛事可以拓宽供销渠道，获取更多商业合作伙伴。学界的共识是，体育赛事给赞助商的礼遇招待权益能够为他们带来特别的礼遇感，进一步加强相互合作关系，还能够提升企业本身在上下游渠道商中的影响力，为企业形象提升提供帮助，有利于其与企业自身的合作。同时企业可以根据体育比赛这个沟通平台寻找到与其他企业合作的机会。值得一提的是，作为同一赛事的赞助企业，他们之间其实具有非常大的联合营销空间，有利于创造新的机会实现双赢。用户互动及产品推广是指企业在消费者中宣传和推广公司产品和服务的方式，前提是该企业获取了赛事赞助的相关权益和资源或竞争优势。越来越多的企业负责人发现，赛事赞助可以在很大程度上支持企业推广活动，成为一种很好的营销手段。而且这个平台非常靠近消费者并且展示的是一个积极健康的形象，在此平台上进行活动推广的企业基本可以收到满意的效果。从企业问卷反馈中可以看到，体育类相关产品生产企业更加关注公司产品销量的增加，并且他们会在接下来的赞助行为中发现围绕此目的开展一些相应的活动。

3. 品牌形象目标

企业的品牌形象顾名思义是指企业品牌在市场中或在普通大众心中所呈现出的个性特征，以及提到品牌时消费者心中联想到的形象。它所体现的是社会大众尤其是品牌购买者对品牌的评价和态度。一个具有良好品牌形象的企业可以取得消费者的青睐，更能维持自身的持续发展。在整个赞助行为中，企业最希望利用知名度高或者有吸引力的赛事和明星，将他们本身积极正面的形象移接到企业自身形象上。在当今体育全球化的背景下，体育赛事可以获得来自全球的体育爱好者甚至普通观众的关注，通过这个平台，吸引来自不同生长背景、文化背景的众多人群。这对公司的发展是个非常好的选择。在赞助理由中，企业负责人提到了一些词：品牌关联度强、进军运动领域、支持中国体育等，通过整合分析，发现这些理由都具有共同的特点，即企业有意将自己品牌向体育或体育赛事上靠，实质上是将自己的品牌形象与体育传达出来积极正面的价值相关联。因此，研究提出品牌形象目标概念来概括以上理由。例如，美孚1号汽车润滑油长期与F1赛事合作，国际物流公司UPS也赞助了F1法拉利车队，这些公司品牌都与所赞助的活动关联度很强，很好地提升了品牌形象。然而，在今天的体育赞助营销活动中，越来越多的优秀案例浮出水面，要在众多赞助商的赞助行为中获得预期效果，单单设置提升品牌形象的目标是远远不够的，应该更加明确自己需要在赛事赞助中完成的具体形象传达。例如，企业承担社会责任。在当前的社会环境中，支持体育事业可被看作支持公益事业，所以在企业赞助大型体育赛事时，可能会被广大群众认为是在做着支持公益的事情，将具有社会责任感的形象赋予本企业。又例如，计划在消费者心中将某种固化形象转变为健康积极的形象的带有公关性质的行为等。

二、赞助企业权益及权益应用

（一）赞助商权益概述

对权益一词，从《现代经济词典》中的解释结合赞助的含义，可初步总结得出赞助商权益的概念。赛事赞助商权益可以理解为赞助商向指定的组织机构（体育赛事或体育赛事运营机构）提供资金支持或产品服务支持，用以取得在该机构某项或某系列活动中提升自身经济利益的权利。[①] 当然,赛事的赞助分为不同等级,赞助商权益的内容会因为赞助商所处等级的不同而有所区别。例如,投入体育赛事的钱、财、物等数量多的企业,会获得更丰富,更全面的赞助权益回报。[②]

(二)甬马赛事赞助企业权益

具体赞助权益可见表2.2至表2.8。

表2.2 荣誉权益细分表

荣誉权细分	冠名赞助商	钻石赞助商	赛事供应商	赛事支持单位
称号使用权	√	√	√	√
官方使用称号	√	√	√	√
影像资料使用权	√	√	√	√
组合标识使用权	√	√	√	√
logo组合使用权	√	√	√	√
行业内排他权	√	√	√	√

资料来源:第二届宁波国际马拉松招商手册。

表2.3 活动推广权益细分表

活动推广权益细分		冠名赞助商	钻石赞助商	赛事供应商	赛事支持单位
活动现场品牌展位		√	√	√	√
物品发放			√	√	√
单一品牌活动	马拉松摄影大赛	√	√		
	绿色家庭环保跑	√	√		
冠名权	甬马赛前官方训练营	√	√		

资料来源:第二届宁波国际马拉松招商手册。

---

① 吕新建. 我国体育赞助商权益保障因素及对策研究[D]. 北京:首都体育学院,2011.

② 于慈山. 中国电视体育广告的传播效果[J]. 中国广告,2004(8):2.

表 2.4 印刷文件权益细分表

印刷文件细分	冠名赞助商	钻石赞助商	赛事供应商	赛事支持单位
秩序册（封面 logo 内页广告）	√	√	√	√
参赛指南（封面 logo 内页广告）	√	√	√	√
工作证件－联合 logo	√	√	√	√
赛事服装	√			

资料来源：第二届宁波国际马拉松招商手册。

表 2.5 媒体宣传权益细分表

媒体宣传权细分		冠名赞助商	钻石赞助商	赛事供应商	赛事支持单位
电视媒体	中央五套 150 分钟	√	√	√	√
	宁波电视台全程曝光	√	√	√	√
平面媒体		≥3	≥2	随机报道	随机报道
网络媒体		≥5	≥4	随机报道	随机报道
官方网站		√	√	√	√
官方链接		√	√	√	√
新媒体（微博/微信）		√	√	√	√
户外媒体		√	√	√	√
道旗广告		√	√	√	√

资料来源：第二届宁波国际马拉松招商手册。

表 2.6 公关礼遇权益细分表

公关礼遇细分	冠名赞助商	钻石赞助商	赛事供应商	赛事支持单位
开幕式	√	√		
领导出席鸣枪	√	√		
新闻发布会	√	√		
颁奖仪式	√	√		
领导颁奖	√	√		
VIP 观赛席	√	√	√	√
参赛名额	50 个	40 个	20 个	10 个

资料来源：第二届宁波国际马拉松招商手册。

表 2.7 现场广告权益细分表

现场广告权细分	冠名赞助商	钻石赞助商	赛事供应商	赛事支持单位
主背景板广告	√	√	√	√
拱门广告	√	√	√	√
起跑/冲刺带	√	√	√	√
号码布	√	√	√	√
地贴广告	√	√	√	√

续表

现场广告权细分	冠名赞助商	钻石赞助商	赛事供应商	赛事支持单位
A板广告或硬质隔离广告	70块	50块	10块	6块
功能台围挡广告	√	√	√	√
各类指示性大型广告板	√	√	√	√
小型广告板	√	√	√	√
媒体区背景广告	√	√	√	√
横幅	√	√	√	√
啦啦队	√	√	√	√
帐篷	√	√	√	√
喷绘桌布	√	√	√	√

资料来源：第二届宁波国际马拉松招商手册。

表2.8　工作用车细分表

工作用车细分	冠名赞助商	钻石赞助商	赛事供应商	赛事支持单位
车前挡风玻璃广告	√	√		
车后挡风玻璃广告	√	√		
左右两侧车身广告	√	√		

资料来源：第二届宁波国际马拉松招商手册。

（三）权益应用

赞助企业基本信息如表2.9所示。

表2.9　赞助企业基本信息一览表

赞助商等级	企业名称	企业性质	成立时间	主营项目（产品）
冠名赞助商	吉利汽车	民营企业	1986年	汽车及零部件
钻石赞助商	美的地产	民营企业	1995年	住宅开发
	海尔斯	民营企业	1984年	体育用品
赛事供应商	中国平安	民营企业	1988年	金融保险
	杉杉股份	民营企业	1992年	新能源
	宁波轨道交通	国有企业	2006年	市政建设
	水动乐	民营企业	2014年	饮料生产
	艾波玛	民营企业	1966年	体育用品
赞助商等级	企业名称	企业性质	成立时间	主营项目（产品）
赛事支持单位	钱江食品	民营企业	1986年	食品制造
	Podoon	民营企业	2015年	体育用品
	BEIFA	民营企业	1994年	文体用品
	跑能	民营企业	2016年	体育用品

资料来源：第二届宁波国际马拉松招商手册。

1. 冠名赞助商

冠名赞助商将马拉松赛名字买断，花最多的费用得到最全的赞助权益，通常体育比赛只有一个冠名赞助商。冠名赞助商拥有荣誉权，包括称号使用权等。活动推广权益中包含活动现场品牌展位、物品发放、单一品牌活动冠名权（马拉松摄影大赛、绿色家庭环保跑、甬马赛前官方训练营），印刷文件权益包括秩序册、参赛指南、工作证件和联合logo以及赛事服装品牌印刷，赛事服装品牌印刷是冠名赞助企业独有的特权。在媒体宣传权益中，拥有平面媒体不少于3篇报道、网络媒体不少于5篇报道，以及电视媒体和平面媒体及新媒体权益。公关礼遇权益包含出席开幕式等，其中免费获赠50个参赛名额。现场广告权益包含拱门、主背景板广告，其中A字板广告或隔离硬质广告享有70块，以及工作用车的车前车后车两侧广告露出权益。吉利汽车是本次宁波国际马拉松比赛的最高等级赞助商，赞助金额达120万元人民币，采用现金赞助和实物赞助相结合的赞助形式，实物包含比赛用车等。吉利汽车成立于1986年，性质为民营企业，主营产品为轿车。

冠名赞助商获得的赞助权益是所有赞助商种类中最多的，其中，参赛选手嘉宾服装等赛事服装名称印刷是冠名唯一权。此权益可大大增加企业的线上曝光率，有利于公司品牌、产品进入某一细分市场；为公司与消费者或潜在消费者增加面对面交流体验机会提供帮助。

在权益应用方面，吉利汽车为比赛前期和中期所有涉及车辆的活动提供赛事用车，比赛前期吉利汽车提供8辆吉利博越汽车作为比赛公务用车，供组委会进行赛事商务洽谈、与相关职能部门对接交通医疗事务时使用。比赛中期提供吉利黑色博瑞汽车接送嘉宾，比赛枪声响起后利用博越汽车作为领跑车辆并全程做好赛事保障工作。赛事所有涉及车辆均印有吉利汽车与宁波马拉松标志组合logo便于宣传。在赛前比赛赛道选择过程中，吉利汽车也要求赛事组委会设计经过吉利汽车制造工厂的路径，在媒体直播时可以展示；在媒体直播前，与媒体约定直播中广告牌露出数量和公司logo露出时长。企业要求比赛组委会撰写比赛通稿，将其发在企业的自媒体公众号上以供宣传。

2. 钻石赞助商

钻石赞助商是本次宁波国际马拉松赛的第二等级赞助商，其投入的赞助费用以及所拥有的赞助权益仅次于冠名赞助商。钻石赞助商拥有荣誉权，包括称号使用权等。活动推广权益中包含活动现场品牌展位、物品发放、单一品牌活动冠名权（马拉松摄影大赛、绿色家庭环保跑、甬马赛前官方训练营），印刷文件权益包括秩序册、参赛指南、工作证件和联合 logo。在媒体宣传权益中，拥有平面媒体不少于 2 篇报道、网络媒不少于 4 篇报道，以及电视媒体和平面媒体及新媒体权益。公关礼遇权益包含出席开幕式等，其中免费获赠 40 个参赛名额。现场广告权益包含拱门、主背景板广告，其中 A 字板广告或隔离硬质广告享有 50 块，以及工作用车的车前车后车两侧广告露出权益。本次比赛共设有两个钻石赞助名额，赞助商分别为美的地产和海尔斯，赞助金额约为 100 万元，均采用现金赞助和实物赞助相结合的赞助形式，海尔斯的赞助实物包含运动员比赛服装等。

在权益应用方面，美的地产要求比赛赛道经过美的地产工地蝴蝶海项目楼盘，公司利用赞助商荣誉权，在公司蝴蝶海项目楼盘前布置横幅和海报，印上马拉松钻石赞助商为比赛选手加油助威的内容。在参赛选手、观众等相关人员经过美的地产蝴蝶海项目楼盘时，可以注意到醒目的标语，在全面引起公众注意的同时，展示公司业务项目，起到提升关注度与品牌形象的作用。海尔斯公司为参赛选手提供印有品牌 logo 的比赛服装。

3. 赛事供应商

官方供应商一般是为比赛提供物质赞助的企业。随着马拉松赛事的普及，越来越多的体育相关产品生产企业出现在马拉松比赛官方供应商的舞台上。[①] 赛事供应商拥有荣誉权，包括称号使用权等。活动推广权益中包括活动现场品牌展位、物品发放，印刷文件权益包括秩序册、参赛指南、

---

① 田世昌，丛湖平. 何以调动我国体育赞助者的热情［J］. 体育文化导刊，2002（3）：34—35.

工作证件和联合 logo。媒体宣传权益分为电视媒体、平面媒体、新媒体，其中平面媒体可通过网络随机报道。公关礼遇权益只有 VIP 观赛席，并免费获赠 20 个参赛名额。现场广告权益包含主背景板广告、拱门广告等，其中 A 板广告或硬质隔离广告有 10 块。

此次宁波国际马拉松赛的官方供应商共 6 个，分别为：中国平安、杉杉股份、水动乐、宁波轨道交通、含羞草电动车、艾菠玛。其中，水动乐为比赛提供了健康饮品；艾菠玛为赛事供应足量的运动保护乳液，用于运动员肌肉恢复；宁波轨道交通在比赛期间发行 1 000 张甬马纪念交通卡，供市民使用，具有收藏价值。

4.赛事支持单位

第二届宁波国际马拉松赛支持单位是级别最低的赞助方，现金赞助量与实物赞助量总和在所有等级赞助商中最低，享有的赞助权益最少。赛事支持单位拥有荣誉权，包括称号使用权等。活动推广权益中包含活动现场品牌展位、物品发放，印刷文件权益包括秩序册、参赛指南、工作证件和联合 logo。在媒体宣传权益中，拥有平面媒体随机报道、网络媒随机报道，以及电视媒体、平面媒体、新媒体权益。公关礼遇权益只有 VIP 观赛席，并免费获赠 10 个参赛名额。现场广告权益包含主背景板广告、拱门广告等，其中 A 板广告或硬质隔离广告有 6 块。此次赛事支持单位共 5 个，分别是美罗堡、钱江食品、Podoon、BEIFA、跑能。赛事支持单位中，跑能公司为比赛提供了价值 10 万元左右的运动补给品；钱江食品的赞助金额为 3 万元，除此之外提供 1 000 包萧山萝卜干作为赛事补给用品。

赛事供应商和赛事支持单位由于不是赛事最大的冠名商，人们提到赛事时往往不会立刻想到这些企业，这时对于他们来说提高主营产品销量目的大于提高推广品牌形象目的，这类企业可以通过赞助商权益的应用在同类竞品中脱颖而出，得到消费者的青睐。例如，在赛道终点搭帐篷举行产品试用促销活动等。

三、赞助企业推广活动

（一）推广活动概述

赛事赞助商在比赛的前中后期除了相关赞助权益的应用，还可以策划相关推广活动，使赞助行为更加完整。企业在成为赛事赞助商后，可利用赞助权益，自主策划执行不同活动对自身进行宣传。赞助赛事的企业来自不同行业，企业类别不同，之前我们提到根据行业类别的不同，企业赞助体育赛事的目标侧重点就会有所不同，那么在赛事举办期间策划的相关推广活动主题和形式就会表现得不同。例如，此次比赛赞助商中包含房地产和运动相关产品生产公司，两类公司主营产品不同，规模行业均不一样，所以采用的推广活动不同。跑能公司在赛事起终点附近搭建补给品优惠售卖点，通过进行促销活动直截了当地呈现扩大销售量的目标，而美的地产项目展示以及其他相关活动侧重点更多为展示企业形象，提高其在消费者心中的品牌地位。

（二）活动策划执行

为了充分利用赞助商身份，部分赛事赞助商在赛事周期期间自主策划执行了关于本企业的推广活动[①]，以更好地达到企业经营目的。以下详述部分进行了自主策划活动的企业。

1.美的地产公司

作为本次赛事仅有的两席钻石赞助商之一，美的地产从加强品牌推广、宣传绿色环保理念角度出发，本着为更多群体提供参与体验马拉松赛事机会的原则，针对本次马拉松赛事设计了两项推广活动。其中，"宁波马拉松最美照片评选"线上话题互动活动以参赛运动员和现场观赛群众为目标

---

① 王金堂，林升栋．企业赞助项目的选择与评估［J］．福建商业高等专科学校学报，2002（12）：12-13．

群体，以宣传全民健身为目标，以推广自身品牌为出发点，最终获得了11.3万人次参与，话题微博传播量达到234.6万人次。在一定范围内传播了美的地产健康活力的企业形象，为企业成功地进行了一次品牌推广活动。"美的地产宁波马拉松环保家庭征集活动"以宣传绿色环保理念为出发点，以加强品牌推广为目的，为所有参与活动的家庭免费提供美的大礼包一份，同时组织家庭捡拾现场垃圾，并评选出"甬马拾者家庭"，在倡导环保理念的同时，塑造了良好的企业形象。

2. 艾菠玛公司

艾菠玛品牌针对宁波马拉松进行了两项推广活动。第一，公司在赛中举办了产品促销活动，将促销摊位摆放在赛道终点，产品是公司主营产品，包括不同种类的运动保护乳液。通过扫二维码形式，邀请活动参与者关注企业官方微信，赠送用户产品优惠券，在增加产品销量的同时提升企业公众号的关注量；与此同时，艾菠玛公司聘请市场中专业健身教练，在赛道终点帐篷内为完成赛跑者提供免费拉伸服务，用到本公司运动保护乳液，让跑者免费亲身感受产品，增加公司与消费者互动机会，对企业起到了良好的宣传作用。

3. 跑能公司

跑能公司作为马拉松赛事补给品生产商，针对公司产品的特性，在赛前、赛中、赛后分别组织不同活动，让企业产品宣传在无形中融入赛事。赛前，跑能公司通过自媒体发布宁波马拉松参赛攻略，帮助参赛运动员熟悉比赛路线图，提供参赛"小贴士"，同时利用公司生产的能量胶、盐丸等产品免费为即将参赛的运动员开设营养补给课，向广大跑友传递科学运动常识。赛中，跑能公司在赛事起终点附近搭建补给品优惠售卖点，低价向广大跑友提供参赛必需的能量补给品，利用赛前集结区、赛后疏散区宣传企业产品，并利用组委会赠予公司的免费参赛名额，雇专门跑团举公司品牌字样跑旗参赛，在比赛中增加公司logo的出镜率。赛后，跑能在自己的官方微博上针对本次宁波马拉松进行了有奖征文和照片征集活动，带有公司名和赛事名称的话题关注度大幅度增长，使企业赞助宁波马拉松的事件得到持续发酵。

第四节 我国企业在体育赛事赞助中存在的问题

一、赛事选择理由简单，赞助策略准备不充分

近年来，我国体育赛事逐步兴起，体育赞助之风逐渐在国内企业中弥漫开来。然而我国体育产业基础并不雄厚，体育文化缺乏，以致某些企业对于体育赞助跟风程度或者被相关单位强制程度大于自己意愿，这就可能会出现企业"拍脑袋"决定赞助行为，贸然赞助没有完整计划导致赞助收效甚微。在对甬马赞助商访谈调查时，有部分企业的赞助决定是因企业领导热爱体育事业而做出，这就可能会出现前述问题。若企业上层重视赞助问题，做好充分赞助策略准备则最好；若赞助销售属于领导个人行为，出自高层领导的喜好和判断，企业内部员工对于领导对赛事的赞助决定摸不到头脑，那就很难做到制定相应的支持配合方案，甚至可能只是为了迎合领导，若有这样非理性的赞助行为存在，是不太可能为企业带来正向的投资回报的。[1]除此之外，一些事业单位或国企等非营利企业也可能会因为政府或体育局的要求而进行赞助，例如宁波国际马拉松赛事供应商宁波轨道交通集团，就是因宁波市政府和体育局要求赞助赛事，在赛期内与组委会合作发行了1 000张甬马纪念交通卡，此外再无其他营销活动。这样的赞助可能只会存在一时，并不会持续存在，因此，对体育赛事和企业自身来说意义并不大。

---

[1] 吴兆祥，倪刚，陈海涛. 发展我国体育赞助市场的策略研究[J]. 北京体育大学学报，2003，26（3）：3.

二、局限于简单赞助权益，产品宣传意识不足

我国的大型体育赛事赞助行为起步较晚，整个赛事赞助体系依然处在探索和完善的阶段。[①] 其中赛事组委会和赞助商对于赞助权益回报方面的重视程度不高，或者说组委会对于赞助权益的设置并不太在行，比如，第二届宁波国际马拉松的不同赞助级别的赞助权益没有明显区分开来，冠名赞助商独有的权益仅限于参赛选手服装上图文印刷的权益，在钻石赞助商和赛事供应商、赛事支持单位三个级别赞助商权益中，也无特别清晰的权益区分。与此同时，赞助商们也许因为缺乏赛事赞助经验和意识，对于权益认识更多局限于增加企业 logo 的露出率，例如赛道广告牌，参赛选手服装等，这就可能造成自身在潜意识里认为赞助权益即品牌 logo 曝光或展示。相比之下，一些国际企业在寻求赛事赞助权益时，会对赛事方提供的餐饮和停车等服务提出明确的要求，在条件允许的情况下邀请明星运动员和官员到赞助商包厢与企业进行互动等等，而我国企业在这些方面经验不足。例如，1994 年世界杯时，赞助商万事达卡组织了 5 轮宣传，分别是预测胜负、家庭足球赛、建立电话亭、举办球星见面会、足球周边产品热卖，而同样是世界级乒乓球赛的赞助商，飞鱼和大维集团的营销策略只局限于场地上的标语、地毯、球台标志等，这一类的赞助只换来赛事转播时一晃而过的标志露出，性价比可能还不及普通的促销活动。

三、企业自主推广活动不足，缺乏总体统筹规划

从 12 家马拉松赞助商的反馈信息来看，仅有极少数赞助企业在赛前中后期利用赞助商身份和权益自主策划和执行推广活动。事实上，这一块恰恰是赞助商最应重视的一环。因为我国现在举办赛事众多，参与赛事赞助的企业也越来越多，如何在众多参与赞助的企业、同类型企业或者其他

---

① 汪纬琳，肖斌. 体育赞助的评估与管理[J]. 赣南师范学院学报，2003（6）：75-77

竞争对手中脱颖而出，就看是否能够很好地运用赛事赞助权益。毕竟，通过体育赛事这个大众的平台，消费者对自己亲身感受或有直观认识的品牌会更有好感，或者说，赞助企业更容易培养忠诚用户。[1]

四、赞助商未建立完善的赞助评价体系，缺少反馈

此次调研对象企业均未在赛后开展具体的赞助效果评估，原因一为企业负责人未具备赞助效果评估意识，原因二为我国目前缺乏普及率高的赞助效果评价系统。[2]而缺少赞助评价体系可能会导致企业负责人不能得到赞助行为对企业各方面，如品牌形象、企业口碑、产品销量等的具体数据变化，很难将结果定量化反馈，无法为接下来的赞助决策提供帮助。

第五节 关于提升我国企业体育赛事赞助效益的策略

一、媒体曝光优先，注重标志露出

当赞助商确定了赞助目标侧重点为品牌推广或提高品牌知名度后，就应把权益要求集中在赛事为赞助商提供品牌曝光机会上。赛事权益中提供的曝光机会主要体现在媒体宣传权中，分别包含传统媒体和新媒体。其中，传统媒体包含中央五套和地方电视台的全程直播、报纸报刊报道，新媒体包含新浪微博、微信公众号等自媒体宣传。值得赞助方注意的是，在传统媒体转播中，中央电视台和主流报纸杂志媒体的影响力一定大于非主流传播平台；其次，画面转播需要注意企业logo的展现，广告牌的设计和摆放位置的正确与否直接关系到企业logo露出的效果。而在传统纸媒的宣传中，

---

[1] 肖海峰，等. 中国电视体育市场报告 2004—2005［R］. 上海：上海电视节组委会，央视-索福瑞媒介研究，2004.

[2] 许永刚，王艳丽. 中国体育赞助研究综述［J］. 湖北体育科技，2004，23（2）：3.

新闻发出的及时性是企业需要考虑的因素，督促纸媒现场报道的效率性也是关键。在微博、微信等新兴自媒体的宣传方面，需在宣传内容创意性上做文章。为了吸引年轻人注意，当前微信公众号或软件的营销模式越来越多，如何吸引到更多人的眼球，也是企业亟待思考的问题。在这方面，甬马赛事供应商跑能公司就别出心裁，提前有偿雇佣马拉松跑步团队，穿着带有跑能公司标志的服装并举着公司旗帜、出现在各种跑步活动中，并在线上开展运动保护课堂，以多种形式吸引观众眼球以达到企业赞助目的。综合考虑这些因素，企业才能更好地进行品牌推广。

二、连贯营销优先，提高赞助实效

提高销量若是企业现阶段的重点，那么业务发展则为企业赞助目的侧重方面。企业主体的发展包含不同方面，企业在实施赞助期间应根据所要提高的各方面制订赞助计划。在企业已经确定赞助某项体育赛事后，就要制订相应的回报策略，也就是赞助权益充分应用的策略。赛事组委会给予赞助商的权益中有一些互动类权益，赞助商可考虑充分利用这些权益提高赞助效果。例如，充分利用回报权益中的贵宾招待或公关礼遇，让企业有机会举办一些活动，这些活动可邀请公司客户参加，与客户面对面沟通，在维护客户关系的同时，可了解客户需求去向或具体消费数据，以协助公司制订下一步销售计划；另外，可将销售代表与供应商邀请到场，增加与合作伙伴和供应商的关系深度，有利于之后工作的开展。而在这期间或之后，还需要策划实施与赞助目的相匹配的主题活动，活动形式可多种多样，包括促销活动、新品见面会等，都可以获取更多的实际经济利益。

三、赛企吻合优先，重视推广活动

当业务发展和品牌推广并不是现阶段企业赞助的侧重点之时，企业需要关注选择赞助的活动或赛事是否符合自己企业的品牌形象。企业首先要明确自己所要树立的品牌形象，如，健康、高端、亲民等，才能去寻找到和自己品牌形象吻合度较高或可以让自己企业形象向目标形象上靠拢的赛事活动，这样更容易有效塑造品牌形象。在调研的12家企业中，鲜有企业认为赛事形象与自身品牌形象关联度较高，而这对于其通过赞助体育赛事以树立品牌形象上可能会打折扣。一些公司品牌形象与赛事关联度比较高的企业在赞助了体育赛事之后，就会长期在潜在消费者或消费者心中留下非常深刻的印象，并成功将所要表达的品牌形象烙印在消费者心中，例如UPS赞助F1法拉利车队，F1赛事本来以速度为比赛关键制胜因素，而UPS国际物流公司正是想打造自己全球速度最快的物流企业之形象，二者一拍即合，赛企吻合度很高，在品牌形象塑造上非常成功。企业在选择所要赞助的赛事时，可以从企业文化、企业主营产品、企业目标客户群的角度考虑赞助某项赛事是否合适。

四、赞助稳定性优先，制定长期赞助战略

从历届宁波国际马拉松赛事赞助商明细中可了解到，大多数企业只赞助了一届比赛，而在下一届宁波马拉松比赛时，根本不能判断上一届赞助商是否还会继续赞助行为。而不论是品牌的推广还是提高企业自身在潜在消费者和消费者心目中良好的品牌形象，都不是一件通过短期投入就能做好或者能做出成效的事。在现在还不太成熟的体育赞助环境下，企业应该沉下心来研究体育赛事赞助的付出与回报明细，制订长期稳定的赞助计划，并且需要摒弃急功近利的想法，赞助效益有时并不能在赛事结束时立马能够展现出来。

再者，赞助企业应该正确对待竞争，培养自身的合作意识，只有一起将体育市场做大做强，才能留给自己更多的发展空间。具体可通过产权联结、战略合作等方式，与其他企业合作并共同开发体育市场，为中国体育事业的发展共同尽一分力。

第六节　本章结论

随着我国体育产业的不断发展和完善，大型体育比赛赞助活动正在繁荣发展，企业的赞助行为正趋于成熟。企业进行大型体育赛事赞助的目的分为三类，分别是品牌推广目的、业务发展目的和品牌形象目的，其中不同类型和规模企业的赞助目的侧重均有差异，但总体都可用上述三个目标概括。根据三类不同赞助目标，企业可在赞助期间进行目标相关的权益应用和活动推广。在赞助权益及运用方面，赞助商注重权益具体展示，例如赛场广告露出、直播广告露出等单纯公司标志展示，而对于将权益应用于公司宣传的其他形式则基本没有尝试。在自主活动推广方面，部分赞助企业会根据公司主营产品制定不同类型的推广活动。在企业访谈中，将企业在体育赛事赞助过程中出现的问题分为四类，分别是企业选择赞助赛事的理由过于简单而导致策略准备得不充分、满足于简单的赞助权益获得而未充分进行企业产品宣传、自主推广意识不足而缺少统筹规划、缺乏效果评估环节而导致不能为之后的赞助行为做参考。对于以上可能出现的问题，本章根据相关理论和实践所得，提出以下对策，分别是企业应注重媒体中企业标注露出及提出合理露出要求、重视赞助中的连贯营销、赛企主题吻合更会为赞助活动助力，以及注重长期稳定赞助战略。

第三章 浙江省城市体育赛事产业发展路径典型案例研究：以宁波市为例

第一节 本章研究背景

一、宁波市体育产业发展的时代背景

2014年12月，中央经济工作会议首次系统地提出我国经济"新常态"的内涵，明确我国经济发展进入经济增速换挡期、结构调整阵痛期、前期刺激政策消化期的"三期叠加"的战略转型期。所谓"新常态"，就是从一种非正常时期转变到另一种正常时期，它的核心在于形成了新的市场经济结构和经济模式以及新的发展方式，促使经济发展提质增效。2014年10月，《关于加快发展体育产业促进体育消费的若干意见》（国发〔2014〕46号，以下简称"46号文件"）发布，其中明确提出要大力发展竞赛表演业，扩大体育产品和服务供给，推动体育产业成为经济转型升级的重要力量，促进群众体育与竞技体育全面发展，把我国建设成为体育强国，不断满足人民群众日益增长的体育需求。2016年，国务院印发的《全民健身计划（2016—2020年）》《"健康中国2030"规划纲要》强调要进一步优化市场环境，培育多元主体，引导社会力量参与健身休闲

设施建设运营。相关中央文件的发布构建起我国体育产业新的发展环境，营造出体育赛事产业发展新常态。

自"46号文件"发布以来，经济社会发展环境的不断变化对体育产业的发展产生了全面的影响。2016年，浙江省印发《浙江省全民健身实施计划（2016—2020年）》《浙江省体育发展"十三五"规划》，文件提出在全民健身上升为国家战略的大背景下，要从浙江省全民健身事业发展的实际出发而研究制定出一系列相关政策，构建完善的体育产业体系，形成合理的体育产业布局。

宁波市地处我国经济发达的长三角地区，是长三角经济圈区域中心、南翼经济中心城市，也是浙江省经济强市之一。伴随经济发展进入"新常态"，宁波市经济增速放缓，产业结构、技术结构、产品结构等不合理问题日益凸显。为践行体育产业供给侧结构性改革，实现体育产业可持续发展，2016年，宁波市印发《宁波市全民健身实施计划（2016—2020年）》《宁波市人民政府关于加快发展体育产业促进体育消费的实施意见》，文件提出要加快完善与高水平全面建成小康社会相适应的全民健身公共服务体系，进一步完善体育产业体系，重点培育体育竞赛表演业。以上文件发布后，宁波市开始致力于建设长三角南翼体育赛事活动中心城市，每年举办的全国级以上级别体育赛事达到40项以上，位居长三角地区前列。但是，体育赛事发展的路径依赖、固有的政府规制等问题依然存在，亟须探索新的发展思路与路径。因此，在体育赛事产业已成为体育产业的重要组成部分的前提下，调整体育产业发展方式，强化体育赛事产业的重要作用，形成体育赛事产业经济增长点，借此推动体育产业的进一步发展，成为今后宁波市体育产业发展的重要方向。

二、研究目的与研究意义

（一）研究目的

本章研究从区域经济学和产业经济学角度出发，以宁波市所辖地区为研究区域，根据宁波市体育赛事发展的现实状况、存在的问题及不足提出宁波市体育赛事发展路径的目标和选择，对宁波市体育赛事产业发展的路径选择提出对策和建议，探索出一条适合宁波市体育赛事产业的发展之路，提高体育赛事的供给水平，满足人们对体育赛事的消费需求，推动其进一步优化发展，促进体育赛事产业成为宁波社会经济发展中新的经济增长点。

（二）研究意义

当前国际国内体育赛事产业发达的城市的相关发展经验表明，体育赛事产业与城市发展主要存在两种关系，其一为正向性关系，即城市规模越大，经济实力越强，城市知名度越高，其举办的体育赛事规模也就越大、级别也就越高；其二为地域性关系，即体育赛事与城市的地域特色具有高度相关性。本章以体育赛事发展为出发点，剖析宁波体育赛事产业发展的外部环境、内部资源和发展机遇，提出宁波市体育赛事产业的发展策略，以期最终能够为宁波市体育赛事产业的发展提供理论与实践指导，助推宁波市体育产业实现可持续发展。

此外，随着宁波社会经济水平的不断提升，人们生活质量的进一步提高，体育消费逐渐成为社会消费热点之一，体育产业发展也将助推宁波产业结构转型升级。体育竞赛表演业作为现代服务业的重要组成部分，如何更大限度地体现并发挥其重要地位和作用，已经成为宁波市政府相关决策部门和理论界共同关心的话题。近年来，宁波市全民健身热情日益高涨，居民对体育赛事的关注度不断提升，对体育赛事的消费水平呈上升态势，体育赛事消费市场潜力很大，体育赛事产业发展空间巨大。

三、研究综述

（一）国外研究综述

当前国内外直接研究体育赛事产业的文献并不多见，但有关体育赛事与城市发展关系的研究较为丰富,这对于研究体育赛事产业与城市发展之间的关系具有较大价值。在众多关于体育赛事与城市发展关系的研究中,主要研究方向是关注体育赛事对城市的经济、社会环境、文化等方面的影响,且从最后得出的结论来看大多数为正面影响。有西方学者在研究体育赛事对于城市的影响时,得出大型的体育事件对于国家的城市化有着积极的推动作用。

埃塞克斯和切克利[1](Essex and Chalkley)、因多维纳[2](Indovina)认为体育赛事的举办总是同时存在着大量的城市建设活动。霍尔(Hall)[3],埃塞克斯和切克利(Essex and Chalkley)[4]认为城市除了为体育赛事的举办提供大型体育场馆外,还带来了城市公园、道路交通、基础设施等条件的改善,这些城市建设项目能对城市更新、城市形象塑造、注入新的经济活力等方面产生更为深远的影响。

也有部分研究者认为体育赛事对于城市发展存在负面影响。贝德(Baade)和戴尔(Dye)[5]在研究体育赛事对区域经济影响时,首先对政府资助体育场馆建设、城市官员对此现象的反应和其背后的原因进行了描述,并建立了经验模型,用美国部分城市的统计数据进行了统计学分析。结论表明,新建的体育场馆对城市经济发展的影响和作用并不明确,甚至不利于经济发展,研究还发现,体育场馆中相应的工作类型表现出薪金水

---

[1] Essex, Chalkley. Gaining World City Status through Staging the Olympic Games [J]. Geodate, 2004 (17): 7–11.

[2] Indovina F. Os Grandes Events ea CIdade Ocassional [R]. In: A didade DA EXPO'98. eds. Lison: Bizancil, 1999: 133–139.

[3] Hall C M. The effects of Hallmark Event Tourism [J]. Journal of Tourism Research, 1987, 26 (2): 44–46.

[4] Essex, Chalkley. Olympic Games: Cataslyst of Urban Change [J]. Leisure Studies, 1998, 17 (3): 187–206.

[5] Baade R A, Dye R F. The Impact of Stadiums and Professional Sports on Metropolitan Area Development [J]. Growth and Change, 1990, 21 (2): 1–14.

平低和季节差异大等特征，在推动体育发展的战略的同时将阻碍地区经济发展。

（二）国内研究综述

国内有关体育赛事产业的研究起步较晚，研究的焦点主要集中在体育赛事与城市的关系、体育赛事对地区经济影响、体育赛事资源和市场开发等方面。

张林[1]、白银龙等[2]、董杰[3]认为应该建立与城市发展相适应的、能动的体育赛事体系，对城市体育赛事进行合理的规划和引导，减轻举办城市的负担，谨慎申办和举办大型体育赛事。只有在体现城市发展的要求、满足群众的需求的前提下，赛事才能有效推动城市的发展。何步文[4]、易晓峰等[5]、刘东锋[6]认为城市形象是城市的一种形象，特别是具有重大影响力的体育赛事通过不同媒体的宣传，重视连续性品牌赛事的培育，将体育赛事与城市形象的塑造有机地联系起来，其直接和间接的影响力对于完善或转变城市品牌形象具有积极效果。

体育赛事对拉动区域经济增长的作用已成为当前体育赛事的一个重要研究方向，并且研究成果较为丰富。大多数研究者（如，周晓丽和马小

---

[1] 张林．提升体育赛事对城市发展的贡献率[J]．成都体育学院学报，2012，38（7）：5-7．

[2] 白银龙，柳景，等．我国举办大型体育赛事的理性思考[J]．体育文化导刊，2013（5）：4-7．

[3] 董杰．中国举办大型体育赛事存在的主要问题、原因与对策[J]．体育与科学，2012，33（3）：42-51．

[4] 何步文．重大事件与城市形象塑造研究——以兰州国际马拉松为例[J]．甘肃社会科学，2013（4）：221-225．

[5] 易晓峰，廖绮晶．重大事件是提升城市竞争力的战略工具[J]．规划师，2006（7）：12-15．

[6] 刘东锋．谢菲尔德市利用大型体育赛事塑造城市形象的战略及启示[J]．上海体育学院学报，2011，35（1）：30-31．

明[1]，卓明川和林晓[2]，徐晋妍和王跃[3]等）认为体育赛事对于经济发展具有促进作用，但主办城市需要重视体育赛事的筹办思路、战略规划和体制安排，以及扎实、到位地安排各项工作。国际体育赛事对城市经济发展有着拉动作用，能改善旅游基础设施建设，提升城市品牌和知名度，提高旅游管理水平，并能带动 GDP 增长、增加旅游收入和就业机会。黄海燕[4]认为要提高体育赛事对举办地的经济影响需要注重的两点是提高外来观众人数和扩大外来观众消费。

关于体育赛事资源开发的研究，国内学者主要以地理区域、学校、体育旅游等方面为切入点进行实证和规范研究，认为不同的地方需因地制宜、因势利导地开发体育赛事资源，结合自身特点，从时间、规模、项目以及参与度等多方面综合考虑后选择合适的体育赛事，以此来带动当地体育的发展以及相关行业水平的提升。[5][6][7]

目前国内关于体育赛事市场发展的研究主要立足于体育赛事市场和体育赛事的各相关市场，包括体育赛事广告市场开发、体育赛事转播权市场

---

[1] 周晓丽，马小明. 国际体育赛事对举办城市旅游经济影响实证分析［J］. 经济问题探索，2017（9）：38-45.

[2] 卓明川，林晓. 大型体育赛事对城市经济竞争力的影响——以广州亚运会为例［J］. 体育科技文献通报，2015，23（10）：96-97.

[3] 徐晋妍，王跃. 大型体育赛事对城市经济发展的影响——以上海网球大师杯赛为例［J］. 经济师，2013（9）：59，61.

[4] 黄海燕. 体育赛事经济影响评价的实证研究［J］. 上海体育学院学报，2011，35（3）：1-6，13.

[5] 李燕燕. 陈锡尧. 我国体育赛事资源的构成及其类别与特点［J］. 体育科研，2008，29（5）：29-32.

[6] 何天皓，黄海燕，等. 我国东部地区体育赛事资源开发特征及其影响因素探析［R］. 第七届全国体育产业学术会议，2013.

[7] 余晓玲. 社会学视域下体育赛事资源配置环境研究［J］. 广州体育学院学报，2015，35（3）：8-9，24.

开发等方面。研究者认为体育赛事供给和需求之间的不平衡是制约我国当前体育赛事市场发展的瓶颈，在体育赛事按照现代市场经济体制和现代企业管理制度的规律运作的基础上，使体育赛事参与市场化运作主体要素之间的权利制衡，并采用多维度开发模式，立足于大众类综合性赛事的开展，瞄准职业化和商业性赛事发展方向，是进一步激发国内体育赛事市场潜能的重要举措。①②③④

四、研究方法

（一）文献资料法

通过阅读相关文献资料，以直接和间接的方式获取与宁波市体育赛事产业有关的信息。在本书写作期间本人搜集并阅读了体育学、经济学、地理学、市场营销等学科领域的教材和专著20余部，相关学术论文100余篇，通过期刊、报纸、互联网查阅了大量有关新常态、体育赛事和产业发展路径等方面的资料和信息、并及时关注研究和发展的动态，为本书提供可靠的依据。

（二）数理统计法

对采集到的最新体育赛事相关数据进行统计分析。

---

① 刘超，姜同仁. 我国体育赛事市场发展现状及营销策略问题研究［J］. 军事体育进修学院学报，2008，27（2）：42-44.

② 徐伟. 体育赛事市场化研究［D］. 南昌：江西师范大学，2006.

③ 姚洁. 中国体育赛事市场开发研究［J］. 经济师，2006（5）：42，189.

④ 王熙尧. 我国大型综合性体育赛事市场开发实证研究［D］. 武汉：武汉体育学院，2008.

（三）逻辑分析法

运用定量与定性等的研究方法，对搜索到的信息进行逻辑分析，最后得出结论。

第二节　基本概念与相关理论概述

一、基本概念

（一）经济"新常态"

"新常态"一词用来描述新时期或新阶段的经济发展状况。齐建国[1]认为在市场经济语境下，经济"新常态"是由"非常态"向"常态"转变，即由"计划经济常态"经过"市场化转型的市场经济非常态"进入"社会主义市场经济新常态"，是"旧常态—非常态—新常态"的转换。刘伟等[2]认为，新常态突出表现在经济增长率下降、消费占比提高、产业结构不断从劳动密集型向资金密集型和知识与技术密集型转变。李扬等[3]结合全球新常态大背景下认为，经济"新常态"主要表现在经济结构的转变促使经济增长速度趋缓，即经济从高速增长转变为中高速增长，它所带来的变化是经济质量和效益的不断攀升。本节根据各方对于经济"新常态"的多种描述，认为"新常态"是指由过去非平衡、不可持续的发展方式转入今后一段时期内优化再平衡、可持续的发展方式，形成相对稳定的发展状态。

---

[1] 齐建国. 中国经济"新常态"的语境解析［J］. 西部论坛，2015，25（1）：51-59.

[2] 刘伟，苏剑. "新常态"下的中国宏观调控［J］. 经济学家，2014（5）：5-13.

[3] 李扬，张晓晶. "新常态"：经济发展的逻辑与前景［J］. 经济研究，2015（5）：4-19.

（二）体育赛事产业

体育赛事产业概念的提出要晚于体育赛事，它将体育赛事上升到产业的高度来予以论述和界定，并且其界定的范围小于体育赛事。体育赛事形成体育赛事产业的过程就是产业化的过程，而体育赛事产业化有其特殊的经济、社会环境要求，只有在社会经济发展到一定水平、体育赛事所带来的乘数效应达到一定数量级时，体育赛事才能上升成为一个产业部门，形成体育赛事产业。张林等[1]认为，关于体育赛事产业的定义可以从狭义和广义两个维度去理解，狭义的体育赛事产业主要针对某次具体的体育赛事来进行经济学的投入与产出分析；广义的体育赛事产业就是为体育赛事提供服务的多种经济活动的集合。要界定体育赛事产业的概念必然要先明晰产业的概念。苏东水[2]认为，产业是具有某种同类属性的企业经济活动的集合。这可以被看作是对产业本质属性的界定。

综上所述，本节认为体育赛事产业是以运动员、教练员、裁判员等为生产者，以各类体育赛事所需电子科技等工具为投入品，生产可供人们观看和消费的企业经济活动的集合。

（三）发展路径

党的十八届三中全会在《中共中央关于全面深化改革若干重大问题的决定》中提出，市场在资源配置中起决定性作用，在这一过程中需要政府的有效干预和不断调节，而不能仅仅依靠市场，把市场机制与政府协调二者的作用协调运用起来，将会推动发展平稳高效。据此，本研究认为，发展的路径主要表现为在总结以往的发展方式的经验及不足的基础上，提出今后发展的道路及趋势。

---

[1] 张林，黄海燕．中国体育产业发展报告［M］．北京：人民体育出版社，2013．

[2] 苏东水．产业经济学［M］．北京：高等教育出版社，2015．

二、新常态相关理论

判断和提出经济发展进入新常态或新阶段,是对实践过程进行理论探索的结果,作为理论与实践结合和理论创新发展的重要成果,新常态或新阶段的思想将发挥指导实践的重大作用。余斌等[①]认为在经济"新常态"下,我国经济发展将面临来自多方面的风险和挑战,与此同时也将迎来新的发展机遇。因此,宏观调控的整体发展思路需要根据国内经济发展的实际情况进行一定的调整:实现经济增长目标从速度型向质量型转变;通过改革激发市场活力,培育增长动力;切实完善社会保障制度等。李子联等[②]认为促进经济结构的优化和转变增长方式,需要突破发展过程中的分配结构不合理、人力资本积累慢、企业融资成本高等约束,在提升自主创新和促进技术进步的基础上加速融入经济"新常态",要以战略性新兴产业作为支撑,有效培育创新经济增长点和扩大就业吸纳空间。

在经济"新常态"下,着力推动新兴产业的发展是实现经济转型升级、完善产业结构的必由之路,新兴产业的发展是提升城市竞争力的关键所在,对于提振城市经济、拉动消费和促进就业等都意义重大,体育赛事产业是体育产业的重要组成部分,可以预见的是,在经济"新常态"下,体育赛事产业将成为地区体育产业发展和经济增长的助推器。

以上三个理论分别从时代背景、体育赛事产业的结构和性质以及资源禀赋三个板块解析了宁波市体育赛事产业的研究基础,并形成本研究基本理论依据,构成本研究的理论框架。本书将在接下来的部分篇章中运用该理论框架对宁波市体育赛事产业的发展问题进行逻辑阐述。

---

① 余斌,吴振宇. 中国经济新常态与宏观调控政策取向[J]. 改革,2014(11):17-25.
② 李子联,华桂宏. 新常态下的中国经济增长[J]. 经济学家,2015(6):14-21.

第三节　新常态下宁波市体育赛事产业发展路径的选择

一、宁波市体育赛事产业发展环境分析

（一）总体经济环境

1.国内经济发展状况

经济增速放缓是"新常态"下中国经济增长的一个显著特征，根据统计资料显示（见图3.1），从2012年到2016年，我国国内生产总值增长率呈平稳下滑趋势，年均增速为7.32%，属于中高速增长，相比较2007—2011年5年年均增速的10.68%呈显著下降趋势。在2016年，我国经济结构中第三产业增加值为384 221亿元，增长7.8%，第三产业增加值占国内生产总值的比重为51.6%，比上年提高1.4个百分点。2016年人均国内生产总值为53 980元，较上年增长6.1%。全年国内生产总值达到742 352亿元，较上年增长6.9%。第三产业增加值占GDP比重为51.6%，消费对GDP的贡献率为64.6%。可以看出，当前消费对于拉动国民经济增长已呈现主导作用。

图3.1　2007—2016年国内生产总值及其增长率

自2012年年均增速跌破8%以来,国内生产总值基本维持中高速增长。而在经济"新常态"下,经济结构和产业结构的优化和实现驱动经济增长方式的转型升级,需要以战略性新兴产业为支撑,促进投资和消费需求的进一步良性扩大,有效培育创新增长点和增加就业岗位。《关于加快发展体育产业促进体育消费的若干意见》中指出我国体育产业总规模到2025年将达到5万亿元人民币。作为新兴产业,体育产业良好的发展势态日渐凸显。从产业结构上看,体育赛事产业是体育产业的本体产业,是体育产业今后发展的重要着力点。因此,扩大体育赛事产业规模,增强体育赛事产业竞争力,对于优化体育产业总体结构,完善体育产业的各组成要素具有十分重要的意义,对于体育产业的发展势必起到重要的支撑作用。

2. 浙江省经济发展状况

浙江省进入经济"新常态"趋势明显,2012年以来,浙江省经济增长速度由此前一年的11.90%降为9.00%,从高速增长转为中高速增长。如图3.2所示,自2011年起,浙江省经济增速稳定在个位数,增长速度由高速增长转为中高速增长,且增速基本呈下降趋势。

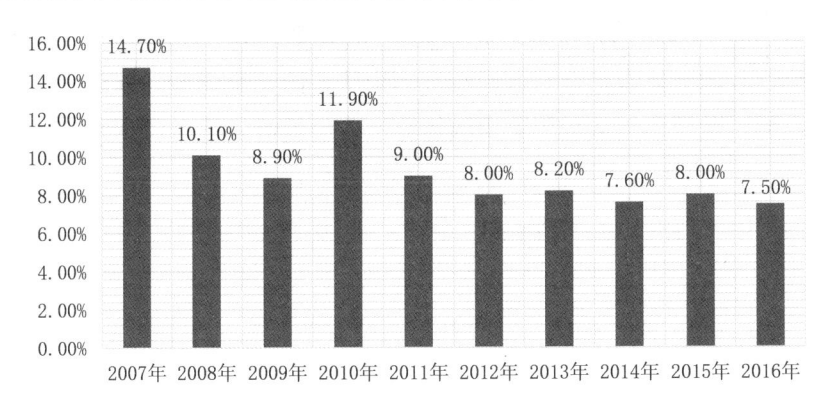

图3.2　2007—2016年浙江省GDP增长率

而自2014年,浙江省的第三产业总值就开始超过第二产业,这表明浙江省的产业结构类型正逐步转变,主导产业由第二产业转变为第三产业。2016年,浙江省第三产业的增长率为9.4%,对地区生产总值的贡献率为

62.9%，第三产业已成为推动浙江省经济增长的最重要的产业体系，是经济增长的重要引擎。

（二）总体产业环境

1. 国内体育产业发展状况

相比较西方发达国家，我国体育产业起步较晚，自改革开放以来，我国体育产业主要经历了三个发展阶段，即探索阶段（1978—1992）、初步发展阶段（1993—2000）和快速发展阶段（2001年至今）。进入21世纪特别是后北京奥运时代以来，我国体育产业获得了空前的发展速度，规模不断扩大。在2006到2013年的8年间，我国体育产业增加值年均增长速度达到15.69%，这一速度远远高于同期我国国内生产总值（GDP）年均8.99%的增长速度，体育产业规模发展潜力巨大。[①]2015年全国体育实现增加值达到5 494亿元，占当年GDP总量的0.7%，而2015年体育产业的增加值是2006年的5.6倍。从2011年到2015年，我国体育产业增加值年均增长率为18.37%，增速大大快于同时期我国GDP的增速。

2014年我国体育产业年产值占GDP的比重为0.64%，与西方发达国家相比，我国的体育产业在国民经济当中所占的比重偏低，体育产业对经济增长的贡献较小。从近年来中国体育产业增加值保持在较高增速的势头上看（见图3.3），人们的体育消费意识正逐步增强，体育产业在国民生产总值当中所占的比重不断增加，体育产业还有很大的发展空间。

---

① 国家体育总局. 中国体育及相关产业统计公报［R］. 2013—2014.

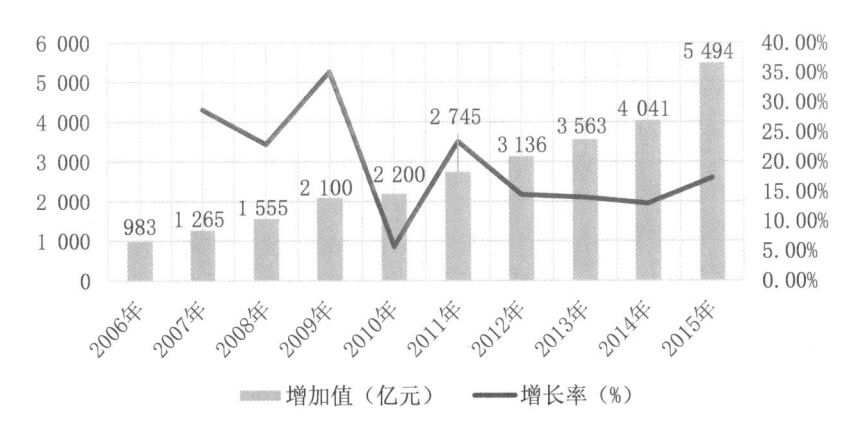

图 3.3　2006—2015 年中国体育产业增加值及增长率

2. 浙江省体育产业发展状况

在经济"新常态"下，浙江省体育产业发展尽管受宏观经济下行压力影响，但总体发展平稳，产业结构呈现新局面。数据显示，2014年浙江省体育产业总产出 1 209 亿元，创造增加值 355 亿元，比上一年增长10.3%，高于地区生产总值（地区 GDP）现价增幅3.9 个百分点。体育产业占 GDP 的比重为 0.88%，比重比上一年上升了 0.03 个百分点。从体育产业各细分结构来看，体育服务业总产出为 260 亿元，创造增加值 107 亿元，占全省体育产业增加值比重达 30.1%。其中体育本体产业（包括体育组织、体育场馆运营、体育休闲健身等）增加值为 36.84 亿元，占服务业比重为34.5%。体育休闲健身娱乐业增加值为 30.6 亿元，是体育服务业中占比最大的行业。体育制造业实现增加值 178 亿元，占体育产业比重为 50.2%，占体育产业比重比上一年有所下降，体育用品制造业增加值达 43.49 亿元，规模较大。从数据上看，体育制造业依然是体育产业中所占比重最大的行业。体育销售业总产出 129 亿元，实现增加值 66 亿元，占全省体育产业的比重为 18.6%。体育建筑业增加值为 3.9 亿元，占全省体育产业的比重为 1.1%，相比上一年（4.76 亿元）出现明显回落（如图 3.4 所示）。

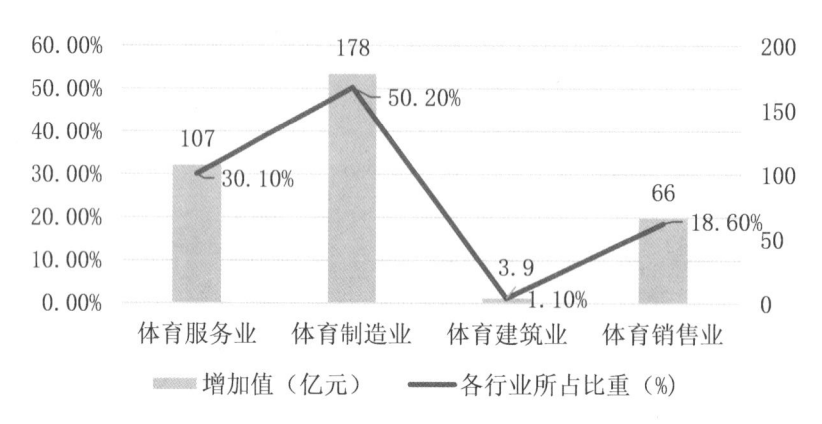

图 3.4 2014 年浙江省体育产业各细分行业增加值及所占比重

综合以上四点可得知，从 2012 年国内和浙江省的经济环境和产业环境发生转变时起，经济发展的推动正由以传统的产业结构为主逐步转向以新兴产业为主，体育产业作为新兴产业的重要组成部分，其对于社会经济发展的提振作用日益凸显。由于体育赛事产业对拉动体育投资和消费贡献巨大，作为体育产业的核心组成，体育赛事产业的发展前景十分广阔。

二、新时期宁波市体育赛事产业发展资源分析

资源是指区域内拥有的各类人力、物力、财力等要素的总和，可将其分为自然资源和社会资源，在当前"资源"的概念中，也强调各种与社会、经济、文化有关的有形和无形资源。[1]体育资源作为资源的一个要素，包括自然资源、社会资源等，是多种有形资源与无形资源的结合。因而可将其概括为与体育有关，为体育所服务的各类资源的总和。体育资源是体育赛事产业发展资源依托，体育赛事产业需要开发和利用一定的体育资源才能得以发展，否则将变成无源之水、无本之木。体育赛事产业发展所需要的资源必然以体育赛事资源为内部资源，结合自然禀赋和区位资源等外部

---

[1] 谢英. 区域体育资源研究——兼论西部体育资源的开发 [D]. 上海：上海体育学院，2003.

资源，通过整合内部资源与外部资源，来实现宁波市体育赛事产业的发展。

（一）体育赛事资源

体育赛事资源是构成体育赛事产业的核心要素之一，若缺少相关体育赛事资源，体育赛事产业发展将无从谈起，而举办体育赛事也必然需要依托体育赛事资源。刘琴、陈赢[1]认为体育赛事资源即体育赛事生产要素，是指生产满足人们观赏需求的竞赛表演服务产品所需的各种投入因素及条件。本节在体育赛事产业资源要素分析的基础上，把体育赛事举办过程中所涉及的资源都看作体育赛事资源，主要包括人力资源、资金资源、场馆设施资源以及管理与制度资源。

（二）人力资源

体育赛事的人力资源主要指运动员、教练人员、裁判人员和体育赛事经营和管理人员等参与整个体育赛事生产过程的劳动力资源组成。人力资源是体育赛事资源的核心要素，也是构成体育赛事产业资源的核心成分，商业性和具有社会性质的体育赛事以及职业体育俱乐部之间的职业联赛是人力资源得到运用的具体体现。宁波在2017年拥有包括中国男子篮球职业联赛（CBA）球队八一男子篮球队、海天乒乓球职业俱乐部、华奥足球俱乐部等职业体育俱乐部，聚集着丰厚的运动员、教练员、裁判员和体育赛事经营人员等人力资源。以八一男篮为例，作为CBA老牌劲旅的八一男篮，自建队以来，便成为CBA历史上重要的球队之一，至今已夺得了8次CBA总冠军，其中自1998年主场搬迁至宁波雅戈尔体育馆以来，夺得过5次总冠军，夺冠次数问鼎整个CBA联盟。八一男篮曾培养了李楠、刘玉栋、张劲松、王治郅等著名球星，这些球星的巨大影响力给观众带来了极大影响。可以得知，人力资源作为宁波市体育赛事产业发展资源的核心组成，

---

[1] 刘琴，陈赢. 体育赛事的界定及构成[J]. 上海体育学院学报，2008，32（3）：10-13.

对于开发宁波体育赛事市场具有重要的推动作用。

（三）资金资源

资金资源即财力资源，主要指赛事的资金投入，包括政府的财政投入和社会资本的融入等以资本存量形式存在的货币资本。资金资源对于一项体育赛事的成功举办无疑起到了重要的保障作用。充足的资金能够为体育赛事的举办提供多种基本的需求，包括场地租赁、设施的购买和租用、相关人员的劳动报酬以及赛事宣传和推广等。从宁波市体育部门2016年统计数据来看，2016年宁波市共举办45场全国性以上体育赛事，资金投入达6 469万元，这一资金投入是构成宁波市体育赛事产业资本资源的主体部分。

（四）场馆资源

场馆资源是举办体育赛事的物质基础，它是指在体育赛事中以物质形态存在的生产要素，主要指体育场馆及设施。体育赛事场馆的规模、数量以及经营方式决定着体育赛事的规模、观众的数量和体育赛事的影响力度与广度，对于体育赛事产品的质量、效益和观众的口碑会产生较大的影响。宁波市在2017年拥有宁波市体育中心、鄞州区体育中心、北仑区体艺中心、宁波游泳健身中心、富邦体育场等大型体育场馆，每年会承办CBA常规赛、世界女排精英赛、中国乒乓球俱乐部超级联赛、WTA世界女子网球公开赛等国内外重大赛事。因此，场馆资源作为体育赛事举办的场所，也是重要的基本生产要素之一。具体如表3.1所示。

表3.1 宁波市主要体育场馆概况

大型场馆名称	建成时间	规模（万平方米）	座位数量（个）
雅戈尔体育馆	1994年	1.15	4 552
富邦体育场	1996年	5	30 000
宁波市游泳健身中心	2004年	3.02	3 000
北仑区体艺中心	2005年	6.96	6 500

（五）管理与制度资源

管理资源包括信息、技术、运营理念等方面的经验与模式，主要指体育赛事的举办经验、方式与销售模式。成功的体育赛事总是和成熟的办赛经验、完善的营销方式密切相关，而从赛事准备申办开始到申请成功，再到比赛的正式举办，最后赛事的成功举办，都将与管理与制度资源密切相关。制度资源包括两方面，一是各类体育组织、协会和企业的运行模式和管理制度；二是体育赛事的举办模式与制度。随着社会经济的不断发展，对于体育赛事资源的竞争正日益加剧，作为体育赛事资源软实力的管理与制度资源越发显示出其重要性。宁波国际马拉松比赛以良好的管理与制度资源作为基础，最终得以成功举办。

在经济"新常态"下，体育赛事资源作为体育赛事产业发展资源的核心，应当受到更多重视。通过合理开发体育赛事资源，积极面向体育消费市场，实现供给端的资源补足，促进体育产业结构向以体育赛事产业为重点来调整，最终推动体育产业发展。

（六）自然资源

自然资源是指能够从自然界中获取的一切可供人类利用的资源，这些资源能够为人类所用，是促进人类社会生存以及经济发展的必不可少的要素。[1]自然资源并不是体育赛事产业必备的资源要素，但却能够对体育赛事产业的发展产生较大的影响。自然资源可供开发为相应的体育赛事，部分体育赛事与自然资源紧密相连，甚至对于自然资源有一定要求，如山地自行车赛、山地马拉松赛、帆船帆板等体育赛事，没有达到标准的山地、水域将无法成为体育赛事的场地选择。可以看出，自然资源的合理开发及选择将有效促进体育赛事产业的发展。

---

[1] 郝娟娟. 中国自然资源禀赋与经济发展关系研究——兼论"资源诅咒"之真伪［D］. 北京：中央财经大学，2015.

从地理位置上看，宁波位于中国大陆海岸线中段，浙江省东部，长江三角洲南翼，毗邻东海，属于亚热带季风气候，东有舟山群岛为天然屏障，北濒杭州湾。宁波市陆域总面积9 816平方公里，辖区面积广大，其中山地和丘陵的面积占陆域总面积超过50%，山地和丘陵可作为体育赛事产业资源开发的面积大、资源多。宁波市海域总面积为8 355.8平方公里，岸线总长为1 594.4公里，约占全省海岸线总长的24%，庞大的海域面积蕴藏着丰富的海洋资源。陆域和海域面积广大，使宁波形成了独特的滨海自然风光以及山水风光。

2015年来，在宁波市所举办的全国性以上体育赛事中，环中国自行车业余赛（宁海站）、象山自行车挑战赛、全国帆船邀请赛、全国青少年帆板锦标赛、国际皮艇球（东钱湖）邀请赛、宁波山地马拉松赛、全国休闲垂钓大赛、亚洲攀岩锦标赛等赛事都结合了宁波市的自然资源，最终得以成功举办。因此，自然资源在体育赛事产业发展中意义重大，在新常态下，宁波市需进一步开发自然资源，以促进体育赛事产业发展。

（七）区位资源

区位是指人类行为活动的空间。[①] 资源禀赋和区位条件对经济发展路径有着重要的作用。区位资源表现在自然地理区位、经济地理区位和交通地理区位等区位要素与空间资源在地域上有机结合的具体表现。从自然地理区位看，宁波位于浙江省东部沿海地区，辖区内山地、丘陵和平原面积广大，山水资源丰富。从经济地理区位看，宁波是我国"一带一路"和长江经济带重要的节点城市，长三角经济圈南翼中心城市，经济实力强大。从交通地理区位看，宁波是浙江东部地区的交通枢纽，公路、铁路、航空和航运的高度便利性，共促宁波市经济社会快速发展。

区位资源在宁波市体育赛事产业发展中的作用巨大，没有强大的区位

---

① 张文忠. 经济区位论［M］. 北京：科学出版社，2000.

资源作为保障，宁波市体育赛事产业将难以发展。体育赛事市场需要依托强大的基础设施和便利的交通，强大的基础设施和便利的交通将促进体育赛事产品能够以最快的速度与体育赛事市场融合，如果基础设施不够完善、交通不便，体育赛事产业发展就会受到限制。CBA常规赛一般在夜间举行，数千人次的观赛者进出雅戈尔体育馆，使得体育馆周边交通备受考验。便利的交通和巨大的停车场将保证巨大的人流量能够平稳快速地出入体育馆，并在较短的时间内离去，为赛事的顺利举行提供保障。便利的交通使宁波和周边的杭州、上海等城市同城化，让观赛者即使相距在数百公里，也能够随到随走，十分方便。

综合以上可以得知，区位资源为宁波体育赛事产业的发展提供了基础条件和保障作用。因此，在新常态下，宁波市需要结合区位资源，继续完善交通等基础设施，促进体育赛事产业发展。

三、新时期宁波市体育赛事产业发展机遇分析

（一）新时期下的经济发展机遇

1. 经济增长与消费水平

自2012年国内生产总值增速跌破10%以来，宁波市经济增速基本维持在7%~8%增长区间，从图3.5中可以看出，2012—2016年间宁波市经济增速较2007—2011年出现明显下降趋势。受到国内外经济下行压力影响和宁波市产业结构调整双重影响，宁波市经济增速基本稳定在中高速增长区间，社会经济发展态势平稳向好。

2016年，宁波市三产比重为3.6∶49.6∶46.8，第三产业比重较上年提高1.6个百分点。第一、二、三产业对GDP的贡献率分别为1.0%、47.0%和52.0%，分别拉动全市经济增长0.1、3.3和3.7个百分点。社会消费品零售总额3 667.6亿元，同比增长10.3%。第三产业正逐步成为宁波市经济增长的支柱产业，消费对于经济增长的拉动作用日趋提升。

图 3.5 2007—2016 年宁波市地区生产总值及增长速度（%）

新常态的一个重要表现是居民的物质精神消费需求已经出现显著变化。目前，宁波市居民消费结构正加速向发展型、享受型和个性化转变。新常态下宁波市人均国内生产总值继续保持增长态势（见图3.6）。基于2016年世界银行以人均国民总收入（GNI）对世界各国收入水平判定的最新标准——人均国民总收入（GNI）超过12 476美元的为高收入国家，相比较美国（11 696美元）、日本（11 466美元）和英国（10 611美元）达到该标准的人均GDP，2016年宁波市人均GDP为16 380美元（108804元人民币），这一数据大大超过这一标准，表明宁波已经达到高收入国家水平。

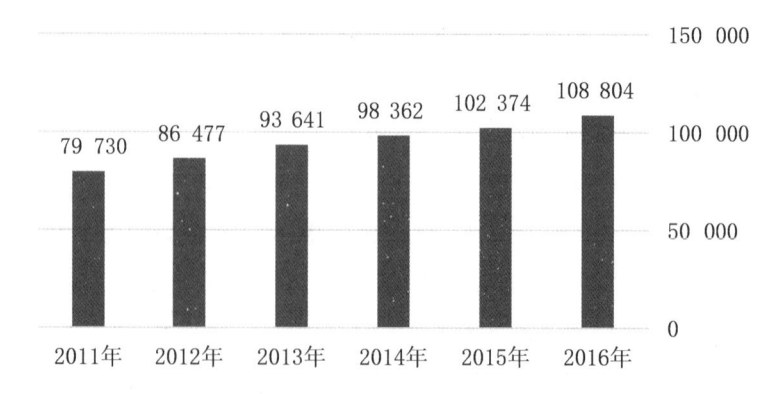

图 3.6 2011—2016 年宁波市人均国内生产总值（单位：元）

可以看出，新常态下宁波市社会经济水平持续向好发展，居民的社会消费能力继续增强，服务业正成为经济增长的支柱产业。产业结构与消费结构的关系表现在两方面：其一，产业的结构决定消费的结构，在"生产创造出消费"中，生产是消费的基础；其二，消费结构对产业结构的发展具有导向性，消费对生产具有引导作用。作为消费性服务业，体育赛事产业对于体育产业的支撑作用明显。随着消费水平的不断提高，居民对体育产品消费的增加，体育赛事产业的产业优势便凸显出来，成为居民体育消费的主体之一，并拉动了宁波市体育赛事产业规模的扩大。

2. 经济转型

在经济"新常态"下，加快宁波市经济转型升级、提升实体经济竞争力成为当务之急。当前，宁波市区域经济结构出现了新的变化，拉动经济增长的"三驾马车"呈现出一些新特点和新问题，具体表现在：其一，投资增速放缓；其二，整体消费平稳增长，经济新增长点不断拉动，但服务业结构调整较为复杂；其三，对外贸易继续增长。迟福林[①]认为，"十三五"时期经济转型升级的基本趋势是基本形成以服务业为主导的产业结构、户籍人口城镇化、消费主导的经济增长新格局和以服务贸易为重点的对外开放新格局。2016年宁波市经济数据显示第三产业对GDP的贡献率达52.0%，超过第二产业的47.0%，成为宁波市经济增长的支柱产业。宁波市经济增长向第三产业的转变，是宁波市经济持续稳步发展的重要因素。

2017年6月，《宁波市人民政府办公厅关于推进战略性新兴产业倍增发展的实施意见》提出，要全力聚焦三大战略引领产业，培育发展一批新兴产业，推进战略性新兴产业的发展。体育产业在促进产业融合、优化城市整体产业结构中发挥着重要推动作用。随着全民健身事业上升为国家战略，以及职业体育的不断发展，体育消费成为宁波市居民社会消费中的重

---

① 迟福林."十三五"：以经济转型为主线的结构性改革[J].上海大学学报（社会科学版），2016（2）：1-13.

要组成部分。这其中体育赛事产品的消费增长迅速，已成为当前体育消费的主体之一。因此，大力发展新兴产业对于推动体育赛事产业的良好发展无疑是一个利好消息。而要大力发展体育赛事产业，势必要开发出居民满意的体育赛事产品，同时也将促进体育赛事产品的消费，从这方面看，体育赛事产业对于完善产业结构同样有着巨大的推动作用。

（二）新常态下宁波市城市定位机遇

城市定位涉及城市特色的塑造、主导产业的确定以及城市发展战略的制定等影响城市未来发展的重大问题[①]，因此备受城市决策者们的关注。而一个城市产业的布局、主导产业的确定受到该城市的地理位置、自然、人口、社会经济以及科学技术等要素的影响。另外，区位条件是城市定位的重要依据，因此，产业的选择与城市定位及区域条件之间存在密切的联系。2015年国务院发布的《国务院关于宁波市城市总体规划的批复》（国函〔2015〕50号），将宁波市定位为长江三角洲南翼经济中心、国家历史文化名城。

城市定位对于发展体育赛事产业意义重大。2016年宁波市发布的《宁波市体育事业"十三五"发展规划》将宁波定位为长三角南翼体育赛事中心。文件提出要继续加大力度举办一批能够带来良好社会效应且影响力较大的体育赛事，把部分重大体育赛事打造成宁波的城市名片，借此来提升宁波市长三角南翼赛事中心城市的社会形象，提高宁波城市和社会的影响力。因此，打造高端精品赛事平台也是宁波体育工作的重点。当前除宁波国际马拉松赛的影响力正逐渐扩大外，宁波还举办了世界女排精英赛、WTA国际女子网球公开赛、ATP国际男子网球挑战赛等国际知名赛事。宁波还需加大力度推进部分体育赛事申办，例如杭州亚运会的海上体育项目等，这些赛事将对促进宁波市体育赛事产业的发展起到重要推动作用。

---

① 林琳，于伟，等. 基于城市竞争力分析的城市定位——以青岛市为例[J]. 经济地理，2007，27（5）：763-767.

（三）新常态下宁波市体育产业发展机遇

1. 体育产业增加值及体育产业结构

2014年，宁波市体育产业增加值为60.96亿元，较2012年的51.16亿元增长了19.2%，年均增速9.6%，高于同期宁波市GDP增速，体育产业增速较快。体育及相关产业增加值占GDP比重达0.801%，较2012年的0.777%增长了0.024%。从当前宁波市体育产业产值构成情况来看（见图3.7），体育制造业依然占据半壁江山，体育服务业占比为30%，与体育制造业相比依然存在着一定的差距。作为消费性服务业，体育赛事产业对体育服务业的发展起到重要的推动作用，对于完善宁波市体育产业空间结构意义重大。

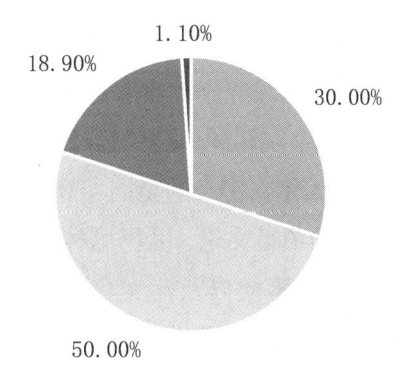

图3.7　2014年宁波市体育相关产业增加值所占比重（%）

2. 体育产业及相关产业的政策支持

作为消费性服务业，体育产业受产业政策影响巨大。国务院《关于加快发展体育产业促进体育消费的若干意见》（以下简称《意见》）提出要取消商业性和群众性体育赛事活动审批。该《意见》在推动商业性赛事和群众性赛事、降低办赛门槛等方面意义重大，对释放体育竞赛表演市场活力，促进体育赛事产业与相关产业的发展具有重要推动作用。该政策将有力地促进和吸引社会力量参与体育赛事活动的投资和举办，能够丰富和活跃体育竞赛表演市场，进一步促进体育赛事产品市场的繁荣。国务院《关于加快发展体育产业促进体育消费的若干意见》将对体育赛事产业发展起到总领作用。在经济"新常态"大背景下，国务院、国家发改委、国务院办公厅、浙江省人民政府和宁波市人民政府等部门相继颁布重要体育政策文件（见表3.2），为宁波市体育赛事产业营造了极其良好的发展环境，为促进宁波市体育赛事产业的成熟壮大创造了绝佳的发展机遇。

（1）国家层面

2015年3月8日，《国务院办公厅关于印发中国足球改革发展总体方案的通知》从全国范围的战略高度、国家层面的顶层设计和社会需求的现实状况等方面改革我国足球发展模式，通过完善职业化、进一步推进市场化发展模式来加大中国足球的改革力度和加快发展进度。文件把发展足球运动纳入经济社会发展规划，为我国职业足球突破发展困境提供了良好契机，以足球为突破口，我国足球产业将迎来大发展。

2016年6月15日，国务院印发《全民健身计划（2016—2020年）》，文件提出要将体育文化融入体育健身的全周期和全过程，以举办体育赛事活动为抓手，大力宣传运动项目文化，弘扬奥林匹克精神和中华体育精神。体育赛事对于提高国民身体素质以及落实全民健身计划的重要性毋庸置疑，因而从顶层设计上备受政府重视。

2016年10月25日，国务院发布的《"健康中国2030"规划纲要》中指出，要进一步优化市场环境，培育多元主体，引导社会力量参与健身休闲设施建设运营。体育赛事必须要在一个良好的市场环境下才能够高效率地展开与运营，在此基础上，培育形成社会体育赛事的运营主体，促成多股社会力量参与到体育赛事的举办与建设中来，以此来培育社会办体育的积极性。

以上重要的体育文件在国家层面的顶层设计中形成了"政策组合拳"，为有效推动体育产业的发展和体育赛事产业的壮大奠定了重要的政策基础。

（2）地方层面

作为地方层面的浙江省和宁波市为积极响应中央政策，同样研究制定并发布多个政策文件，旨在积极落实和推动浙江省和宁波市的体育产业以及体育赛事产业的发展。2016年10月9日，浙江省政府正式印发《浙江省全民健身实施计划（2016—2020年）》，在全民健身上升为国家战略的大背景下，从浙江省全民健身事业发展的实际出发而研究制定出一系列相关政策。这表明在政策层面上，全民健身事业已上升为浙江省的战略性新兴事业，在当前第三产业已经成为拉动经济增长的重要引擎的基础上，通过大力发展全民健身事业，推动其与其他产业之间实现产业融合，以此共促体育产业发展。

为响应中央46号文件，推进宁波市体育产业进一步发展，2017年6月，宁波市出台了《宁波市人民政府办公厅关于推进战略性新兴产业倍增发展的实施意见》，意在促进战略性新兴产业的发展。该文件提出要全力聚焦三大战略引领产业，培育发展一批新兴产业，加快发展一批服务于战略性新兴产业的新型生产性服务业。前瞻布局、精准聚焦。面向全球科技前沿，准确把握新兴产业、科学技术和市场需求的发展动态，前瞻谋划战略性新兴产业发展重点；立足宁波现实基础和资源禀赋，精准聚焦特色领域。体育赛事产业是随着体育产业和体育竞赛表演业共同发展而进一步衍生出的独立的体育行业中的一种，如今已成为体育产业重要的组成部分之一，为加快宁波产业转型，早日实现绿色发展，体育赛事产业无疑需要作为重点去扶持。2016年1月，宁波市发布《宁波市人民政府关于加快发展体育产业促进体育消费的实施意见》，提出要进一步完善体育产业体系，重点培育体育竞赛表演业，进一步优化产业发展环境。2017年1月，《宁波市全民健身实施计划（2016—2020年）》正式发布，文件提出要大力发展全民健身事业，坚持以人为本、不断创新，建设和完善与高水平全面建成小康社会相适应的全民健身公共服务体系，进而满足人民群众日益增长的健身需求，丰富人们的多元化的生活元素。

上述政策表明，宁波市体育赛事产业需要通过整合相关发展要素，依据政策供给践行体育产业供给侧改革，完善体育赛事供给水平，提高体育赛事消费空间，刺激体育赛事消费，以此大力发展体育赛事产业。

表 3.2　国家、省、市各部门主要政策文件

体育政策	时间	出台部门
《关于加快发展体育产业促进体育消费的若干意见》	2014 年 10 月	国务院
《国务院办公厅关于印发中国足球改革发展总体方案的通知》	2015 年 3 月	国务院办公厅
《全民健身计划（2016—2020 年）》	2016 年 6 月	国务院
《中国足球中长期发展规划（2016—2050）》	2016 年 4 月	国家发展和改革委、国务院足球改革发展部际联席会议办公室（中国足球协会代章）、国家体育总局、教育部
《"健康中国 2030"规划纲要》	2016 年 10 月	中共中央、国务院
《青少年体育"十三五"规划》	2016 年 9 月	国家体育总局
《浙江省全民健身实施计划（2016—2020 年）》	2016 年 10 月	浙江省人民政府
《浙江省体育发展"十三五"规划》	2016 年 7 月	浙江省发展和改革委员会、浙江省体育局
《浙江省体育产业发展"十三五"规划》	2016 年 10 月	浙江省体育局、浙江省发展和改革委员会
《宁波市全民健身实施计划（2016—2020 年）》	2016 年 12 月	宁波市人民政府
《宁波市人民政府办公厅关于推进战略性新兴产业倍增发展的实施意见》	2017 年 6 月	宁波市人民政府办公厅
《宁波市人民政府关于推进"中国制造 2025"试点示范城市建设的若干意见》	2017 年 3 月	宁波市人民政府办公厅
《宁波市人民政府关于加快发展体育产业促进体育消费的实施意见》	2016 年 1 月	宁波市人民政府办公厅
《宁波市人民政府关于加快特色小镇规划建设的实施意见》	2015 年 12 月	宁波市人民政府办公厅
《宁波市人民政府关于加快休闲旅游目的地建设的意见》	2015 年 5 月	宁波市旅游局

资料来源：中央人民政府网站、国家发展和改革委员会网站、国家体育总局网站、浙江省体育局网站、宁波市人民政府网站、宁波市体育局网站。

四、新时期宁波市体育赛事产业发展定位

《宁波市人民政府关于加快发展体育产业促进体育消费的实施意见》

中提出，到2025年，宁波市体育产业总规模超过800亿元，体育产业增加值在地区生产总值中占比达到1.6%以上，基本实现建立一定规模、布局合理、功能齐全、具有较强竞争力的体育产业体系。为实现这一发展目标，宁波市要大力结合城市经济转型发展，根据自身资源禀赋，依托长三角和浙江省的区位优势，把体育赛事产业作为体育产业的核心成分来进行培育和推进，有效扩大体育消费，满足人民群众体育服务需求，丰富人们的精神生活。并在此基础上，转变经济发展模式，优化产业结构。

宁波市体育赛事产业的具体发展目标如下：①产业规模逐步扩大。力争在"十四五"末期，也就是未来5~10年内，体育赛事产业增加值增速超过体育产业产值增速，全国级和国际级体育赛事举办规模、职业体育俱乐部数量的知名度、体育品牌赛事的数量、体育赛事融资渠道的灵活度、体育赛事管理团队数量等指标提升到长三角地区乃至全国前列，体育赛事产业成为体育服务业的重要支柱产业。②服务功能不断完善。建立健全加快体育赛事产业发展的政策框架和服务体系，体育场馆设施功能更加完善，配套设施更加完备，管理运行机制和服务更加规范高效。③发展质量显著提升。引进并自主培养一批具有知名度的体育俱乐部和体育品牌赛事，集聚一批具有较强市场运作能力和开拓能力以及高效的体育赛事管理团队。

五、新常态下宁波市体育赛事产业发展路径的确定

从上述分析中可以得出结论，在经济新常态大背景下宁波市体育赛事产业发展路径应该是：依据新常态的发展阶段，正视当前宁波体育赛事产业发展中存在的问题，充分发挥政府在体育赛事产业发展中的主导作用，强化政府引导推动，体育协会配合监管，兼顾市场化运作，大力培育市场主体，激发社会资本共同参与的发展路径。要大力发掘宁波市体育赛事资源，充分发挥市场潜力，创新思路，培育市场化认可度高、人们喜闻乐见的体育赛事。政府和相关体育协会要加强营销城市的意识和品牌赛事在提升城市形象、品牌等方面具有独特作用的认识，注重体育赛事品牌的塑造、

确立和推广营销，重视实效发展。

在当前宁波市经济较为发达，社会消费水平较高的背景下，人们对体育赛事的观赏能力逐步增强。因此，从宁波市产业结构体系正不断升级，自然资源和社会文化资源丰富，体育赛事产业整体发展角度进行考虑，从产业体系、产业资源、产业融合等三个方面，构思出两条发展路径，分别是体育赛事产业市场体系完善与激活发展、体育赛事产业资源整合与开发。

第一，体育赛事产业市场体系完善与激活发展。完善的产业结构和健全的产业体系是产业发展的基础。因此，要构建和谐、绿色、开放、竞争的体育赛事产业体系，努力摒弃阻碍市场健康发展和有序竞争的各种政策、法规、制度，建立新常态下宁波市体育赛事产业发展体系，加快体育赛事、体育旅游项目、体育投融资、体育人才引进等项目的审批和立项工作，切实做好提升体育服务质量、完善基础设施、资源开发、人才培训等方面的工作，鼓励社会资本和体育行业的各类企业加入市场化运作中。

第二，体育赛事产业资源整合与开发。加大各类资源的整合与开发力度，发展旅游产业是当前的重点任务。坚持因地制宜的发展原则，在依据历史文化、山水风情、特色民俗、文化设施等资源和经济发展的基础上，通过把握开发各类资源的基本情况，秉承以人为本、区域联动的原则，加强资源的融合和整合力度，合理布局，逐步形成体育赛事产业带（园）、体育旅游带（园）等。

六、小结

从经济"新常态"下可以得知，国内、浙江省和宁波市经济发展均面临转型升级的战略调整的局面，宁波市体育赛事产业面临着较好的产业发展机遇期，因此，如何从社会、经济和文化等因素以及宁波市所拥有的基础条件等多方面对宁波市体育赛事产业发展的路径进行选择成为当前所需解决的重要问题。基于新常态大背景下，国内、浙江省和宁波市经济社会发展和体育产业发展的大环境，提出宁波市体育赛事产业发展的路径选择。

第四节 新常态下宁波市体育赛事产业发展现状与问题分析

一、宁波市体育赛事产业发展的现状

体育赛事是体育赛事产业的核心组成，体育赛事进一步形成体育赛事产业是体育赛事产业化的过程，而体育赛事产业化依托于良好的经济社会发展环境，只有在社会经济发展到一定水平、体育赛事所带来的乘数效应达到一定数量级，体育赛事才能发展为一个产业部门，形成体育赛事产业。宁波市体育赛事产业的发展将依靠体育赛事规模的不断扩大和赛事数量的逐步增加，完整的体育赛事组成将有效促进体育赛事产业化的发展，进而形成体育赛事产业规模化效应。

宁波市承办全国性比赛始于20世纪60年代，改革开放后特别是进入21世纪以来，宁波社会经济取得快速的发展，人们的生活水平日益提升，参与体育的热情不断增强，体育场馆设施建设日益完善，为宁波申办各项国际国内重大体育赛事提奠定了基础。

进入"十二五"时期，特别是自2012年以来，宁波每年举办的全国级以上级别体育赛事数量维持在40余项。从2014—2016三年来看，宁波每年举办的赛事中全国级的为35项，占到总比赛数量的75%，国际级的为12项，占到总比赛数量的25%。部分体育赛事已经将宁波设为常规比赛地点，例如，中国职业男子篮球联赛（CBA）八一队的主场设在宁波、国家女排主场设在北仑，因此形成了极具影响力的赛事品牌。从2015年举办第一届宁波国际马拉松赛，到2016宁波国际马拉松赛在中国马拉松年会上荣获银牌赛事和人文风情特色赛事两项大奖，宁波国际马拉松赛的高起点、高水平和高质量都体现了巨大的赛事品牌价值以及成功的赛事营销。宁波国际马拉松赛已成为宣传宁波城市文化精神、提升宁波影响力的载体，其与CBA八一篮球赛事、国际女排大奖赛等赛事共同构建起

宁波体育赛事发展的巨大平台。2015年，宁波举办的首届全国帆船邀请赛成为构造宁波海洋赛事发展的新蓝图。宁波的体育赛事已由原来的单一化向多样化、集群化方向发展，由注重竞技体育发展到兼顾竞技体育、社会体育和休闲体育共同、协调发展。通过举办一系列的体育赛事，宁波在形成具有城市区域特点的体育文化、对居民树立新的体育意识以及繁荣城市社区体育文化活动和营造健康的生活方式方面产生了积极的影响。根据2014年宁波市城市体育设施专项规划，宁波市奥林匹克中心项目被纳入政府三年行动计划，并预计在未来十年左右，宁波市奥林匹克体育中心将有能力承办全国性运动会。宁波市奥林匹克体育中心为宁波举办全国级和洲际级乃至国际级赛事提供了重要的基础设施条件，将成为促进宁波市体育赛事产业化进一步发展的基础。

独特的地理位置构筑了宁波特有的山水资源。由于临近东海，气候适宜，宁波海洋资源丰富，为海上体育赛事的举办提供了天然的体育场，全国帆船邀请赛、全国青少年帆板锦标赛等赛事的成功举办扩大了宁波海上体育赛事知名度，为宁波市海上体育赛事的发展提供了经验和基础。镇海、宁海、象山等地的山地是举办山地马拉松、山地自行车等赛事的重要场地资源。鄞州、北仑、海曙、江北等地良好的体育文化氛围和完善的场馆设施条件为举办一系列重大的国际国内体育赛事提供基础。世界女排大奖赛、国际男子网球挑战赛、中国职业男子篮球联赛等赛事是宁波市举办的知名的体育赛事。奉化、慈溪、余姚等地有着较好的体育文化基础，并举办了垂钓、拳击、跆拳道等具有特色的赛事。

二、宁波市体育赛事产业发展存在的问题

（一）体育赛事不固定

体育赛事的垄断一方面表现在国际组织和国家体育总局对赛事举办权

的卖方垄断，另一方面表现在国内电视转播权的买方垄断[①]，垄断体育赛事举办权是获得体育赛事在该地举办的重要方式之一，获得体育赛事举办权是体育赛事举办地办赛的决定性要素。从2014年至2016年体育赛事统计数据来看，宁波每年举办的赛事数量在40余项，从本研究收集和整理的赛事数据来看，2014年、2015年和2016年宁波举办的国际级和全国级体育赛事不一致，赛事不固定。2014年球类项目为14项，2015年减少到9项，而2016年又增加到18项；2015年水上项目为6项，2016年减少到1项，同类赛事变化大。主要的赛事品牌依然集中在篮球和排球等传统赛事上，虽然中国男子职业篮球联赛（CBA）、全国女子篮球联赛和世界女排大奖赛等已成为宁波的知名品牌赛事，但为了拓展市场规模、增强市场潜力，获得赛事举办权和培养新兴赛事以增加固定赛事数量无疑意义重大。

宁波在近三年举办的全国级以上体育赛事中固定赛事少，仅有ATP国际男子网球挑战赛、世界女排大奖赛等少数球类项目和马拉松等赛事。而从我国体育强市的体育赛事安排来看，每年固定的体育赛事已成为该市作为体育强市的保证。以上海为例，早在2006年11月，上海市就已规划提出上海大型国际体育赛事五大品牌的概念，即F1中国大奖赛、国际田径黄金大奖赛、国际马拉松赛、网球大师杯赛和沙滩排球巡回赛。目前上海已经形成六大赛事品牌，即上海国际马拉松赛、世界斯诺克上海大师赛、国际田联钻石联赛上海站、F1世界一级方程式锦标赛（中国站）、上海网球大师赛和上海高尔夫冠军赛。此外，宁波先天具备的滨海优势并没有在体育赛事中体现出来，水上项目中海上体育赛事项目缺乏，体育赛事市场规模难以扩大。

[①] 张林，李南筑，等. 上海体育赛事发展定位研究［J］. 上海体育学院学报，2010，34（2）：11-15，27.

（二）体育品牌赛事效应不强

体育品牌赛事是指享有较大的知名度、美誉度和忠诚度，公众参与度广，辐射带动性强，持久举办且影响大，市场化运作成熟，有一大批忠诚受众，社会价值、经济价值和文化价值显著的体育赛事。[①] 受商业利益的驱动和市场营销的影响，各地对于体育赛事举办权的竞争日趋激烈，体育品牌赛事已成为稀缺资源，树立赛事品牌成为各项体育赛事发展的重要途径。2015年，宁波共举办了12项国际级体育赛事和30项全国级体育赛事，其中属于本土品牌的包括宁波国际马拉松、CBA联赛和WCBA联赛等少数几个赛事，且通过央视五套等知名体育平台直播的赛事也较集中在该类项目上，对于其他体育赛事而言，其媒体关注度低，曝光时间不足，因此难以形成具有较大影响力的体育品牌赛事。

（三）体育赛事产业融资渠道单一

从现实情况来看，宁波每年举办全国级以上级别体育赛事的资金投入呈缓慢递增且波动的趋势（见图3.8）。根据宁波市体育部门2015年部门决算，2015年收入决算总计31 978.27万元，支出决算为28 302.92万元，其中在全国性以上体育赛事资金投入共计7 319万元人民币，占总支出比重为25.86%，体育赛事资金投入占比较上一年增长9.1%，资金投入较上一年增长了66.90%。2015年中，仅有真武魂WBK世界职业极限格斗联赛、中美男篮对抗赛、2015国际皮艇球（东钱湖）邀请赛、第七届中国湖泊休闲节2015全民休闲皮划艇大赛、"羽林争霸"2015红牛城市羽毛球赛宁波站等5项赛事由专门从事有关体育运动发展的公司单独承办或者与政府部门合作承办，5项赛事资金投入总计为299万元，属于非完全政府拨款，占2015年宁波市体育赛事资金总投入的4.10%，比重过低。

[①] 孙林，马忠利，等. 中外体育舞蹈品牌赛事发展比较研究[J]. 体育文化导刊，2013（9）：37–40.

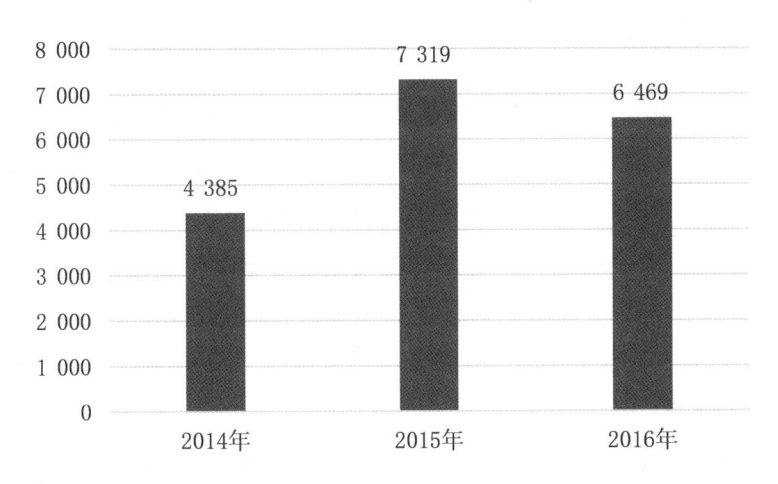

图 3.8　2014—2016 年宁波市全国级以上级别体育赛事资金投入（单位：万元）

（四）中心城市体育赛事产业的冲击

地处经济发达的长三角地区既是一种优势，同时也会迎来强大的挑战。首先，长三角地区经济发达城市众多，中心城市占据着重要的资源，资源的集中会对人才、技术等核心要素形成强烈的吸引。其次，长三角本身就是一个庞大的体育消费市场，这就表明在这个市场中存在着巨大的竞争。上海、南京、杭州等中心城市的体育赛事产业发达，各种资源集中，对于消费者形成巨大的吸引力，并占据着主要的体育赛事产品市场，宁波市体育赛事产业面临巨大的竞争。

（五）周边城市体育赛事同质化竞争

宁波市发展体育赛事产业具备一定的基础和优势，但并不明显，周边城市如舟山、台州、温州等均濒临东海，海洋资源丰富，同样具备海上体育赛事举办基础。而对于其他类型的体育赛事而言，上海的资源、市场条件更加完善。因此，与周边城市存在同质化竞争的情况明显。开发出自身独具的文化特色，并结合自身山水资源的体育赛事成为今后宁波市体育赛事产业发展的重要方向。

（六）体育场（馆）设施老化不足及管理体制存在缺陷

调研情况显示，宁波多个体育场（馆）存在基础设施落后等方面的问题，市、区（县）体育场馆建设缺乏整体合理布局。雅戈尔体育馆是宁波最早投入使用的市级体育馆，自1994年正式投入使用至2017年已经超过20年，而从1998年八一男篮将主场搬迁至雅戈尔体育馆以来（截至2017年）也已有将近20年，目前场馆出现设施陈旧老化、设备更新慢等问题。此外，由于雅戈尔体育馆位于繁华的老城区，每到有重大比赛的时间，交通不便便成为一个棘手的问题。

从管理体制和经营方式上看，雅戈尔体育馆由宁波市体育中心采用单位自主经营模式进行统一管理，体育中心负责对雅戈尔体育馆所拥有的体育项目进行开发与经营，雅戈尔体育馆目前主要的收入为来自政府的全额拨款或差额拨款。其他的收入主要包括：举办各种体育赛事、场地出租、无形资产的开发、冠名费和广告招商等。在现代化管理方式中，科学高效的管理体制和经营方式是提高体育场（馆）服务能力的根本保证，管理方式固化的问题制约了雅戈尔体育馆市场化开发，而对于体育赛事产业的快速发展，高效的市场化运营和科学完善的管理规范体系不可或缺。近年来宁波在体育赛事市场化方面取得了快速发展，但与国内外体育赛事产业发达的城市之间依然存在较大的发展差距，存在的问题如高素质的专业人才匮乏、秩序混乱、管理低效、缺乏专业的赛事组织和管理团队，以及政府与企业分工不明确、权责不清等。

三、小结

面对以上问题，政府有关部门需要在根据宁波产业结构调整的整体布局的情况下，结合宁波资源禀赋及发展优势，统一筹划，合理引导，积极开发宁波体育赛事市场。成立专职的体育赛事管理机构和监督部门，完善与其相关行业的法律制度规范，培育专业的体育管理人才和管理团队，优化环境，鼓励社会各方积极参与体育赛事相关活动等。

第五节　新常态下宁波市体育赛事产业发展路径的实施

一、明确体育赛事产业发展指导精神，注重发展任务

以提高群众整体健康水平、增强体质和实现产业转型升级为双重着力点，根据市场在资源配置中的决定性作用，实现宁波市体育产业结构和空间的优化布局，积极扩大体育赛事产品的服务面，促进消费性服务业的市场供给，满足人民群众对于提升生活质量和参与体育活动的需求，促进宁波市体育赛事产业体系的形成，拓展经济增长中体育消费的增长空间。

在人们不断追求健康生活的新观念和新思想下，激发人民群众参与体育锻炼活动的热情，逐步提高人们的生活质量，完善人们的生活方式。明确政策的引导作用，在全民健身上升为国家战略的思想下，要营造积极的体育活动氛围、支持多类型的体育活动、构建良好的体育道德观念。破除行业壁垒、克服政策障碍，把体育赛事产业作为体育产业体系中重要的一环进行培育扶持。盘活市场机制，加快政府职能转变，加强对体育政策的规划和引导，加大政府对群众体育需求的服务方式的创新力度。推动体育产业发展模式的变革，突出体育赛事产业在体育产业中的后发优势。建立高效的体育赛事产业相关服务机构，遵循体育赛事产业发展规律。规制体育赛事产品市场机制，积极培育体育赛事产品的多元市场主体，大力吸引社会资本和民间资本投资体育赛事产品。为适应群众需求，要有效地调动社会力量的积极投入，提供丰富多样的体育赛事产品和服务。

二、明确体育产业发展方向，优化体育赛事产业发展的措施

体育赛事产业要依据体育产业的发展方向建立发展目标，具体包括四个方面：其一，进一步扩大体育产业规模；其二，完善体育产业体系；其三，进一步优化产业发展环境；其四，进一步提升体育赛事产业发展地位。

体育赛事产业所具备的发展优势必将促使其成为体育产业重要的产业

着力点和发展助推器。根据体育产业发展目标，可将体育赛事产业发展目标具体概括为以下四点：其一，以体育竞赛表演为支撑，大力发展体育赛事；其二，打造品牌赛事，扩大赛事知名度；其三，充分结合当地资源禀赋，合理开发体育赛事资源；其四，促进体育赛事产业与相关产业融合，构建体育赛事产业体系。

（一）以体育竞赛表演为支撑，大力发展体育赛事

本章第三节内容中已经对宁波市体育赛事发展的现状加以讨论，分析了经济新常态大背景下宁波市体育赛事发展中存在的问题，并在第四节的分析中指出了体育赛事转变发展的方向。

本研究认为，体育赛事作为核心组成必将成为体育赛事产业发展的中心环节。要依托宁波都市圈和长三角南翼中心城市的规划和建设，结合当前沿海地区体育赛事发展格局，大力筹备海洋体育赛事，整合区域内海洋体育资源。充分利用新常态下体育产业发展的新思想、新观念，因地制宜、因势利导开发体育资源，营造高效的政策、法制、经济、文化和技术环境，合理配置体育赛事资源，为体育赛事产业发展创造良好的发展空间。要进一步整合资源，提升赛事的品牌价值，吸引优秀的企业赞助商，坚持整体营销、全面推进，以赞助招商、特许经营、社会捐赠等多元化赞助招商体系为营销核心，提高体育赛事品牌开发的综合效益。充分利用市场运作模式，加大人才引进力度，形成大型体育赛事运作团队，提高团队管理运营效率，提高国际体育赛事的运作能力。在大力申办国际国内体育赛事的同时，有效推进体育职业化建设，结合我国和长三角区域体育赛事整体市场，形成职业体育联盟和职业体育俱乐部共促发展的局面。加强国际国内以及区域间体育文化交流，特别是青少年儿童体育文化的交流，积极扩大体育赛事文化在学校的宣传力度，引导青少年儿童关注体育赛事文化。加大校际体育互访力度，增加校际比赛活动，营造体育赛事文化新风尚，使学生形成对体育赛事新的认知度和新的观念。

此外，要注重开发消费需求大、群众参与度高的体育赛事，如沙滩排球、

沙滩足球、海钓、冲浪、帆船帆板等海洋休闲运动赛事项目。

（二）打造品牌赛事，扩大赛事知名度

要以宁波市现有比赛为根基，逐步加大赛事的宣传力度，提高体育赛事服务水平，扩大体育赛事的知名度，使宁波市体育赛事在浙江省、长三角地区乃至全国都具有较高的影响力。加大对部分国际知名度较高的体育赛事的申办力度，积极争取获得赛事举办权，借此获得较好的社会效应和经济效益。有效地利用市场化运作手段，加大体育赛事的广告权、冠名权等无形资产开发，以此来提升宁波市体育赛事的经济效应，推动宁波市体育赛事的品牌化发展战略，从而高效地推动宁波市体育赛事产业的发展。

（三）充分结合当地资源禀赋，合理开发体育赛事资源

宁波市所辖面积广大，下辖的海曙区、江北区、北仑区、镇海区、鄞州区、奉化区，以及慈溪市、余姚市、象山县、宁海县均有丰富且不同类型的体育赛事资源。依据《浙江省体育发展"十三五"规划》，作为浙东滨海运动休闲带国家级海洋运动休闲度假基地，象山县和宁海县要以海洋资源为平台，发展海钓、帆船、帆板、游艇等海上休闲体育活动。因此，可以以此为基础，进一步策划海钓、帆船、帆板、游艇等相应的海上体育赛事，结合活动资源的外溢，实现体育赛事资源高效合理利用。海曙区、江北区、北仑区、镇海区、鄞州区属于宁波市中心城区或者邻近中心城区地区，人口稠密，市场庞大，因此需继续保持球类运动等传统赛事的优势项目，办好职业体育赛事，并充分依据市场需求，引入并自主培育市场需求大的体育赛事。奉化区、慈溪市和余姚市根据本地的山水资源，结合区位优势和体育赛事，实现资源互补。

（四）促进体育赛事产业与配套产业协调发展，构建体育赛事新的产业体系

依据体育产业转变发展模式，加快体育赛事产业与相关产业特别是体

育装备制造业、体育旅游业等产业融合发展。围绕体育赛事产品的核心要素，大力推进体育赛事产业与配套产业上下游产业链关系的演进，将其与具有不同产品元素的其他产业融合，使体育赛事产品成为一个价值单元和价值模块，嵌入相关产业的价值链。强化宁波市体育用品制造业的产业基础，依托便利的交通基础设施，使体育用品能够融入体育赛事产业发展中，降低交易成本，进一步优化产业发展的外部环境，完善体育赛事产业体系，增强体育赛事产业竞争力。

实现共享经济模式，推动宁波市赛事产业面向社会化和市场化。随着近年来体育产业与旅游、文化、互联网等产业融合发展的进一步深入，促成了"旅游+体育""文化+体育"和"互联网+体育"等新业态和新的产业发展模式，使其成为当前国内现代服务业发展的热点和人们关注的焦点。宁波市体育赛事产业在产业融合的大背景下促成与旅游、文化、互联网等产业的互动模式，在人们观看体育赛事期间，开展旅游观光，引导体育旅游业的发展。基于宁波市深厚的文化底蕴，加大宁波市历史、人文、社会和体育赛事文化宣传，扩大体育赛事知名度，引领人们积极关注和参与宁波市体育赛事的发展。加大互联网线上和线下体育赛事活动的开展，提高人们特别是宁波市居民参与体育赛事和体育活动的兴趣，激发人们融入体育赛事的热情，不断完善体育赛事产业化的发展模式，促成体育赛事产业多边发展业态。

三、落实相关保障措施，确保体育赛事产业有效发展

（一）强化组织统筹协调

政府部门要高度重视体育赛事产业对于地区经济发展的作用，在确立体育赛事产业发展目标的基础上，成立相关产业部门，完善推动文化、旅游、教育等多部门协同参与体育赛事产业的部门机制，促进体育赛事产业高效发展。推进体育管理机构与文化、旅游、教育等部门组建协同发展机构，

旨在促进体育赛事产业与配套产业在政府共同组织管理部门的指导下能够更加高效、更好地协同发展。

（二）拓宽融资渠道

鼓励和引导民间资本支持体育赛事产业，充分利用民间闲散资金，参与体育赛事的申办、举办营销以及推进职业体育俱乐部的建设。提倡在维持社会合理秩序的前提下，让社会办赛事，提高社会资本在体育赛事总支出中的比重，改善政府部门在体育赛事中投入过高的局面。

（三）完善法制规范

根据体育产业发展政策和相关产业的发展模式，制订体育赛事产业发展制度和规定，建立体育赛事产业监督管理机制，明确监管主体。通过相关制度和规定来维护体育赛事市场发展秩序，促进体育赛事市场规范化发展。

（四）注重人才团队建设

高效的体育团队是体育赛事产业体系不可缺少的一个环节，人才是21世纪的最重要的资源，没有人才，任何新兴产业都将无法形成。在高效的团队的运营和管理下，体育赛事产业发展速度将会加快，效率将会提高。要把人才团队的培养作为促进体育赛事产业快速发展的重要举措，积极引进和培育既懂体育赛事管理、又懂体育营销的复合型人才团队。

第六节　结　论

体育赛事产业是体育产业的核心之一，体育赛事产业发展状况直接关系到体育产业发展的程度及优劣好坏。因此，体育赛事产业的发展应该得到政府部门的重视和社会的广泛关注。随着经济发展进入"新常态",尤其是《关于加快发展体育产业促进体育消费的若干意见》《浙江省体育发展"十三五"规划》《宁波市人民政府关于加快发展体育产业促进体育消费的实施意见》等文件的相继颁布,为体育赛事产业指明了重要发展方向和发展目标。当前,浙江省正处于产业结构的战略转型期,产业的转型升级意义重大。体育赛事产业作为消费性服务业,对于产业结构调整、社会消费资源配置以及拉动经济发展具有重要作用。近年来,浙江省体育强市宁波市的体育赛事产业在不断发展中所面临的问题日益突出,传统的体育赛事发展所面临的问题需要从体育赛事产业发展的高度重新审视,从而有效地整合体育赛事产业资源,拉动体育赛事产业高效、绿色、可持续发展。本章通过对"新常态"下的宁波市体育赛事产业发展的分析,得出以下结论。

首先,体育赛事产业的发展路径包括体育赛事的发展模式和方向,体育赛事的发展状况将直接影响体育赛事产业发展的成效,宁波市体育赛事产业发展路径与体育赛事发展路径紧密结合在一起,二者相互影响。

其次,"新常态"下宁波市体育赛事产业要继续以大力发展体育赛事为主,加大体育赛事的品牌建设。充分利用宁波市的具有地域特色和文化特征的山水资源与海洋资源,积极创新,在绿色发展、高效发展、可持续发展的原则下,使其能够作为发展体育赛事产业的资源,促进体育赛事产业与配套产业协调发展,构建体育赛事产业体系。

最后,酝酿体育赛事产业发展的保障措施。要强化相关组织统筹协调,成立有关机构对体育赛事产业的发展进行管理和监督。拓宽体育赛事产业发展的融资渠道,形成政府、社会、个人等多元化的融资渠道;完善体育赛事产业发展的相关法制规范,为体育赛事产业发展提供法律保障;加大对人才和团队的培养与建设,为"新常态"下宁波市体育赛事产业发展提供智力和运营支持。

第四章 浙江省体育社会组织参与创业提升实践研究

第一节 本章研究背景

一、经济转型下的体育产业发展机遇

当代国际经济发展研究表明,一个国家或地区的经济发展表现为在其国内生产总值增长的同时,人们的消费结构的转变以及产业结构的转型也必然进行相应调整。体育产业作为第三产业的重要组成部分,是随着国民经济的发展特别是第三产业的发展过程逐步形成的。从西方发达国家的发展历程来看,体育产业经历了萌芽、成长、成熟三个阶段,当前正处于成熟的发展阶段。体育产业是以"活劳动"的形式向社会提供各类体育运动服务或劳务的行业结合,其核心由竞技运动观赏服务业(体育赛事产业)和体育健身娱乐业构成。体育赛事产业是以运动员、教练员、裁判员、竞技科技人员和赛事管理者等为生产者,以各类运动设备为投入品,生产可供人们观赏的运动和动作组合产品的生产部门集合。[1]体育产业所创造的

---

[1] 丛湖平.体育产业与其关联产业部门结构关联变动机制的研究[J].体育科学,2002(9):31-35.

价值已成为国民经济的重要组成部分,是维持和推动本国经济增长的重要力量。[①] 改革开放四十多年来,我国社会经济经历了飞速发展的过程,国民经济总量在跃居世界第二的同时,人们的消费结构调整以及其所带来的产业结构的转型正在促使体育产业快速发展。作为体育产业的重要组成部分,体育赛事产业在快速发展中正日益呈现出其所具备的商业价值,而这一特点也正成为当今城市经济发展中软实力的重要体现。

然而,自2008年全球金融危机爆发以来,特别是2012年以来,我国劳动力、土地、原材料等要素成本快速增长,在面对国际经济竞争中表现出优势在不断缩小,经济下行压力明显增大,经济增长基本维持在中高速增长,中国由此进入了经济大转型的新局面。在经济结构调整的大背景下,我国体育产业逐渐成为经济发展的新动力。2014年,《关于加快发展体育产业促进体育消费的若干意见》(国发〔2014〕46号)明确提出了要积极扩大体育产品和服务供给,推动体育产业成为经济转型升级的重要力量,促进群众体育与竞技体育全面发展,加快体育强国建设,不断满足人民群众日益增长的体育需求的目标。2016年,国务院印发的《全民健身计划(2016—2020年)》《"健康中国2030"规划纲要》强调要弘扬体育文化,促进人的全面发展,要进一步优化市场环境,培育多元主体,引导社会力量参与健身休闲设施建设运营。这为我国体育赛事的发展提供了政策支持与保障。2018年9月,国务院办公厅接连印发《体育强国建设纲要》和《关于促进全民健身和体育消费推动体育产业高质量发展的意见》,体育赛事产业作为体育产业的重要组成部分,正日益成为体育产业发展的重要的支撑点。

有关调查显示,从比较成熟的欧美国家的体育产业产值构成来看,体育服务业占比大多超过60%,并且呈现出"体育产业发达程度越高,体育服务业所占比重越大"的发展规律。相比之下,我国居民体育消费水平整

[①] 鲍明晓. 体育市场——新的投资热点[M]. 北京:人民体育出版社,2004.

体偏低，2008年我国体育服务产业产值仅占到体育产业总产值的17.7%。体育消费结构中实物型消费比例超过60%，服务型消费不足40%。而在体育服务性消费中，又以体育赛事观赏消费为主，通过借鉴西方发达国家体育产业结构构成，可知我国体育服务型消费增长的空间广阔，体育赛事产业对体育产业贡献的潜力巨大，体育赛事产业发展前景良好。

二、体育社会组织的特殊性为创业提升提供了发展机遇

改革开放40多年来，得益于国家宏观环境的深刻变化和相应制度空间的拓展，体育在我国经济社会发展中的地位和作用提升显著，体育社会组织规模和力量不断壮大，社会辐射力和影响力渐次增强，逐步成为促进群众体育、竞技体育和体育产业发展，推进体育体制机制改革和体育惠及广大群众的重要载体和支柱力量。尤其是党的十八大召开以来，我国体育社会组织发展在数量和速度上的增长都创造了一个新高。根据民政部2018年8月公布的《2017年社会服务统计公报》和中国社会组织网大数据公布的数据（见表4.1），体育社会组织由2012年的2.3万增至2017年的4.8万个，五年数量实现翻倍，增幅达到104%，高于同期全国社会组织平均增幅51个百分点。

表4.1　2012—2017年我国社会组织增长情况

统计内容	2012年	2017年
社会组织（个）	49.9万	76.2万
体育社会组织（个）	2.355万	4.8万
体育社会组织占比（%）	4.7	6.3
社会组织年增幅（%）	8.1	8.4
体育社会组织年增幅（%）	10.9	14.3
社会组织5年增幅（%）	53	
体育社会组织5年增幅（%）	104	

注：数据来源于中华人民共和国民政部发布的社会服务发展统计公报

体育社会组织数量和增加速度的变化充分说明体育需求更加旺盛，赛事更加活跃、活动更加普及，社会化程度明显提高，改革取得了显著进展，体育社会组织的活力被充分激发和释放。同时，面对新时代群众体育需求

的快速变化和体育发展定位的历史性转变，体育社会组织在展现非营利性、组织性、服务性等本体性特征，持续服务国家体育战略、满足群众体育需求的同时，正面临着体育大发展、大繁荣所带来的时代冲击。

在这种冲击之下，社会组织发展已成为我国经济发展不容忽视的重点，社会组织参与社会创新，不是从其他领域跨到社会组织，而是社会组织应当跨入企业和社会领域，既包括组织形式的创新，也包括治理模式的创新，甚至包括社会生活方式的创新，在体育领域尤其如此。国际经验表明，体育组织的发育程度是衡量一个国家和地区体育发展、体育社会化程度的重要标志之一。在体育社会组织大发展、协会与行政机关脱钩的大背景下，充分发挥体育组织的功能作用，对于改革创新体育管理体制，有效满足人民群众不断增长的个性化、多样化体育需求，发展体育事业和体育产业，具有十分重要的战略意义。

宁波市地处我国经济发展水平最高的长三角地区，是长三角经济区五大区域中心城市之一，长三角南翼经济中心，世界前三大港口，创新创业氛围浓厚。同时，作为著名的沿海城市，宁波市也有着丰富的体育资源和文化。2018年宁波市境内举办的全国性以上体育赛事超过50项。此外，宁波作为第十九届亚洲运动会的协办城市，届时将迎来全亚洲的关注，这对于宁波市体育赛事产业的发展起到重要推动作用。

随着经济社会的发展，宁波体育社会组织发展迅速。截至2018年，宁波市体育总会直接服务联系的本级体育协会有36个，体育类民办非企业单位55个，区县(市)级体育社会组织405个，基层体育类组织1 744个。全市体育社会组织总量达2 240个，平均每万人2.8个。这些体育社会组织在市体育总会的指导、服务和管理下，在基础建设、能力建设等方面的能力有大幅度的增强，在全民健身活动开展、体育赛事组织、体育业务培训、体育对外交流等方面发挥着重要作用，已成为宁波体育事业和体育产业发展的一支生力军。如果能够将体育社会组织在信息流动、资源协调、人员整合等方面的功能充分发挥，必将成为助力宁波市乃至整个浙江省体育行业创业创新的最强引擎之一。

三、体育消费的丰富性为创业提升打开了多层次的市场空间

随着人们生活水平的不断提高，消费观念也逐步升级，开始对健身品质提高要求，追逐高档体育赛事的热情高涨，逐渐将喜爱和参与运动的习惯转移到体育消费上，促进了体育消费的增长，这是人们体育消费意识和能力提升与消费需求理论中的"跟潮效应"共同作用的结果。

《全民健身计划（2016—2020年）》中提出了体育消费总规模达到1.5万亿元的发展目标，体育消费成为拉动内需和形成新的经济增长点的动力源。从消费习惯来看，我国中产阶层比例提高，体育消费习惯导入初步完成。2016年作为实物型消费的体育用品和相关产品制造的总产出和增加值分别为11 962.1亿元和2 863.9亿元。体育服务业发展势头良好，总产出为6 827.0亿元，增加值为3 560.7亿元。体育健身休闲活动发展较快，总产出和增加值名义增速均超过30%，反映了体育消费需求急剧增长，健身活动逐步普及。此外，人们购买体育用品的分类日渐细化，其中体育装备的销售额增长迅猛，商机无限。在体育产业大发展的背景下，更应当进一步发挥体育社会组织，特别是项目协会和体育俱乐部覆盖面广、辐射力强、影响力大的优势，以举办各类体育赛事、体育培训、节假日体育观光、体育主题庙会等为抓手，以组织社区体育活动、家庭体育活动、乡镇体育活动、村落体育活动等为渠道，关注体育消费需求的快速变化，不断创造条件满足不同层次、不同人群的体育消费需求，推动体育社会组织建设与云计算、移动互联网、物联网等现代信息技术手段相结合，建立体育消费信息资源库，扩大赛事、表演、健身、体育用品、运动器材等门类的消费人群，满足人民群众日益增长的体育消费需求。

四、创新创业普及性为体育社会组织创业提供了环境驱动

我国的经济发展进入调整时期，在由要素投入驱动转向创新驱动的经济转型的背景下，创业成为经济发展的重要引擎。2015年，国家提出要大力推动"大众创业、万众创新"，以此来鼓励我国青年群体通过进行创业

活动来创造财富，在这个过程中展现其自我价值。国务院先后发布了24份与创新创业有关的重要文件，尤其是在2018年，为进一步支持和促进重点群体创业就业，财政部、国家税务总局、人力资源和社会保障部、国务院扶贫办联合发布通知，从2019年1月1日至2021年12月31日，重点群体创业就业可享受税收优惠政策。由此可见，创业的确能够缓解社会就业压力，同时，创业已经被纳入国家的重要议程，并已提升到国家战略的高度，受到党和政府的高度重视。

在这一过程之中，并非仅有传统的营利性企业才能够引领和提升创业行为。社会学家金·阿特洛（Kim Alter）曾经提出了社会组织演进的可持续性发展光谱图（见图4.1），即传统非营利组织与传统营利企业在经济发展的环境下，尽管初始的目标有所差异，但是为了实现"可持续性的发展战略"，两种组织形式最终还是向中间状态的"社会创业"或"社会负责型"企业靠拢。

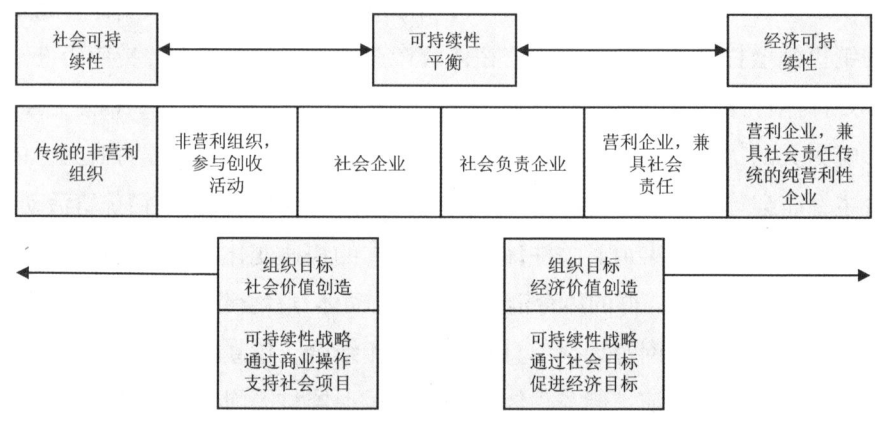

图 4.1 社会组织演进方式

对于社会组织，尤其是体育社会组织来说，"公益性创业"便是组织发展的方向。所谓的"公益性创业"，是不以营利为目的、领域广泛、针对相对弱势群体、引入商业模式的创业行为。目前公益性创业的主要障碍包括政策、价值、资源、人才、认同、理论等，期望随着党政倡导、社会资源激增、公众认识的提高和社会组织公益性创业驱动性的增强，中国的社会组织公益性创业必将会得到长足进步。公益创业包含了创建具有商业模式的非营利组织、社会企业、社会责任型企业等。而这些组织要体现其价值和意义，公益创业活动的策划和执行是很重要的一方面，教育和研究（产学研一体化）支撑着公益创业的发展。所以，为了便于公益创业实践的开展，一般可以将公益创业分为四种类型：①创办非营利组织；②志愿公益活动；③创建兼顾社会效益的营利性企业（社会企业）；④产学研一体化的公益创业教育和研究。对于体育社会组织来说，这四个类型的创业显然都可以有所涉及。

第二节 经济转型下体育社会组织实现创业提升的关键环节

一、体育社会组织创业提升的理论支撑：蒂蒙斯创业过程模型

本研究认为，只有将理论研究和实践相结合，才能更好地解决当前中国体育社会组织创业提升的问题，通过发挥体育社会组织的各项功能，帮助体育类创业行为获得成功。而要清楚地理解经济转型背景下体育组织创业提升的功能，就要明确地认识创业行为本身。美国创业学教育和研究的领袖人物杰弗里·蒂蒙斯（Jeffry Timmons）于1999年在其著作《新企业的创建》中提出了一个经典的创业过程模型，他认为成功创建新事业的根本驱动力主要包含创业商机、资源以及创业团队，成功的创业活动需要创业带头者对这三个核心要素进行最适宜的匹配，并且还要在创业的过程中随着所创企业的发展而不断进行动态平衡。[1] 蒂蒙斯的创业模型如图 4.2 所示。

---

[1] Jeffry Timmons. New Venture Creation [J]. 7th editon, Singapore: Mc-Graw-Hill, 2007: 79-94.

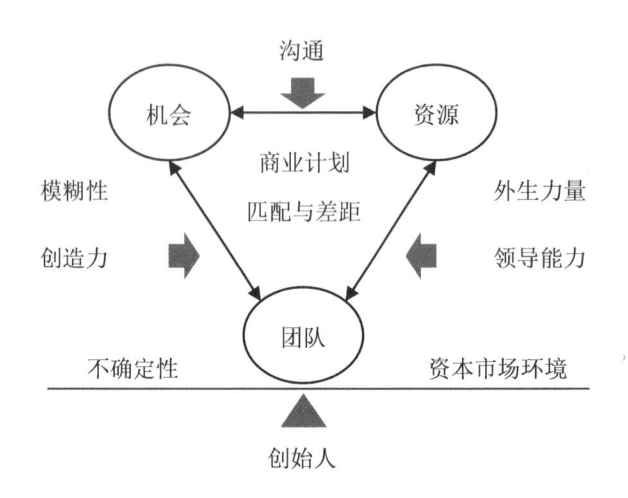

图 4.2 蒂蒙斯提出的创业模型

对于创业研究来说，蒂蒙斯模型具有较强的代表性。这个创业模型非常强调重视创业商机（机遇）、创业团队以及资源这三个维度之间的动态性、连续性和互动性，换句话说，就是在创业过程中，创业的实质就是创业团队不断发掘和捕获新的创业商机，借助资源的支持和配合，确保可以更深层次地开发和处理创业商机，最终完成创业项目，谋取经济收益。蒂蒙斯认为，在创业前期，最关键的环节是商机的发掘与选择，创业过程始于商机，由商机启动，而决定商机的形式和深度是确定资源和组建创业团队的重要组成部分；创业初期的侧重点在于组建创业团队。蒂蒙斯认为，创业商机、创业资源以及创业团队这三个因素在创业过程中会因为每个因素的相对重要性发生变化而导致创业过程不均衡的现象，为了保证企业在创业过程中保持平衡发展，需要创业者能够根据创业重心的变化及时地进行相应的调整。

蒂蒙斯认为，创业过程往往充满了各种风险，比如商业机会的模棱两可、市场和时间的不确定性、长期资金市场的不稳定以及政治、社会、技术、经济等外部环境会给创业带来种种影响。因此，创业者必须要拥有良好的学习指导能力、创造力带领其创建的团队创新地去解决创业过程中面临的问题，及时调整创业商机、资源和团队的动态平衡，从而确保新企业的稳定快速顺利发展。同时,蒂蒙斯认为想要新企业能更好地适应并融入市场环境的变化,创业团队就必须具备学习能力强、创新能力强、领导能力强、适应能力强、沟通能力强等等的特质。创业团队在这个过程中不断动态调整商机、资源和团队这三个核心要素,保持其平衡。

在蒂蒙斯创业模型中,商机、资源和创业团队这三个创业核心要素构成一个倒三角形,创业团队处于这个倒三角形的顶端,在创业初始阶段,可识别追踪的商业机会相对较大,而创立企业所需要的资源相对较稀缺,此时,三角形向左倾斜;可支配的资源会伴随公司的不断发展而不断增多,此时而商业机会则可能会变得相对有限,因此将可能导致另一种不均衡现象的出现。为了确保新企业可以平衡发展,创业者就必须要不断识别寻求并合理分析,把握更大更好的商业机会、认识和避免风险、配置整合优秀的创业资源和创业团队。

二、经济转型下体育社会组织的创业要素

体育社会组织大量参与承办和组织各类赛事,而体育方面相关创业最为密集的领域,正是赛事及由赛事衍生出的相关培训领域。因此,体育社会组织在提供创业商机和资源方面,自然具有极大优势。以宁波市为例,改革开放40多年来,宁波市的体育事业发生了翻天覆地的变化,体育社会组织也随之发展壮大,成为贯彻落实全民健身国家战略的生力军。体育社团从1978年时的6个市本级社团、不足100个体育社会组织,发展至今达到2 240个,其中市本级单项体育协会和行业体协36个、民办非企业单位55个。在市级体育社会组织中,被民政部门评定为5A级的社会组织有4个,3A级以上的社会组织有30个。

成立于2005年11月的5A级体育社会组织宁波市模型无线电运动协会在社团实体化建设方面走在全省前列;另一个5A级社会组织宁波市老年人体育协会顺应中国社会老龄化的进程,在10个区县(市)以及100多个乡镇街道层面建立分会,是网络体系最为健全的体育社会组织;市门球协会在2015年获评5A级社会组织,已建立了覆盖从老年人到青少年的

门球队500多支。此外，宁波市足球协会、市羽毛球协会、北仑球迷协会、奉化布龙协会、斯伯特轮滑俱乐部、四明户外应急救援队、海曙长跑协会、慈溪围棋协会、西周华翔体育健身组织等，也各自组织和打造了影响力广泛的活动，为健康宁波建设增添力量。如下表4.2所示，宁波市各类体育协会都会主办、承办或参与大量的体育赛事，这些赛事的组织本身便是创业的极佳资源，同时，赛事也会拉动一批相关企业的发展，同样为体育类创业提供了大量的商机。

表4.2　2019年宁波市部分协会组织的比赛（示例）

协会名称	组织的比赛
宁波网球协会	宁波建工杯第二届迎新网球邀请赛
宁波市足球协会	第十七届"宁波晚报杯"五人制足球赛
宁波市自行车运动协会	2019樱花节自行车赛
宁波市长跑协会	宁波女子国际半程马拉松赛
宁波市信鸽协会	500公里省、市通讯赛
宁波市围棋协会	第63届宁波市围棋段位赛
宁波市体育舞蹈协会	第七届"春晖杯"体育舞蹈国际公开赛
宁波市体操协会	全市健美操、啦啦操教练员裁判员培训
宁波市棋类协会	"迎春杯"2019宁波市象棋名人赛
宁波市乒乓球协会	宁波市"乒协杯"乒乓球比赛
宁波市模型无线电运动协会	宁波市贺新春轨道车素质体育机器人挑战赛
宁波市门球协会	全市女子门球赛
宁波市老年人体育协会	组织开展市第九届老年人运动会
宁波市健身健美协会	举办四期CBBA全国健身健美教练员培训

除此之外，体育社会组织还具有大量可利用的人力资源。截至"十三五"时期，宁波全年全市人才总量达241.2万人，比上年增长9.8%，人才净流入率跃居全国第二。其中，新引进海外人才2080人，总量达1.3万人；新增博士、博士后924人，总量达6876人；新增高技能人才5.0万人，累计达42.5万人；"3315系列计划"新入选创业创新个人65人，高端创业创新团队81个；新增博士后科研工作（流动）站17家，累计161家；新建技能大师工作室10家，累计80家。这些相关专业的人才尽管从事的行业不同，但是其中很多都对一项或多项体育运动有着浓厚的兴趣，体育社会组织能够通过运动聚合一批各行各业的人才，在运动和比赛中碰撞出

创业的想法。这些方面的优势是其他很多社会组织很难具备的。

第三节 可供借鉴的体育社会组织创业提升典型案例分析

一、上海市杨浦区体育产学研联盟创业提升案例分析

上海市杨浦区体育局在探索体育组织发展的过程中，不断尝试新的发展手段，以变革传统的体育组织发展方式。2017年，在杨浦区政府的倡导下，上海市杨浦区体育产学研联盟正式成立，该联盟由杨浦区体育局、上海体育学院体育产业发展研究院、上海体院科技发展有限公司、阿里体育（上海）有限公司等共同发起组成，致力于推动杨浦体育产、学、研战略合作，深化政府、社会组织、体育企业、高校研发中心等相关部门的联动效应，进一步提升体育人才的创业创新能力，实现优势互补、合作共赢，为杨浦"十三五"体育产业的发展协同助力。联盟以"共建、共享、共赢"为发展理念，创新形成了政府、企业、社会组织、科研院所及高校"四位一体"的发展模式，成为沪上首个具有体育特色的，有载体、有内涵的体育产业界联盟。

2018年，杨浦区体育产学研联盟牵头组织了第一届"泽璞杯"上海体育产业创新创业比赛，由杨浦区体育局、上海体院科技发展有限公司主办，上海上泰体育文化传播有限公司承办，并且邀请到了长城证券、IDG体育文化产业基金、红石资本、通江资本、赛迪顾问上海分公司、华略智库—上海城市创新经济研究中心、泽璞投资、中信银行、隆安律所、上海热线等一系列投融资领域、媒体领域的企业参与。比赛重点关注体育赛事创新、体育消费领域创新、科技推动体育等领域，在展示市场新兴项目的同时，也在杨浦区进一步营造新兴体育行业的创新创业氛围。进入现场路演阶段的10个创业项目如表4.3所示。

表 4.3 第一届"泽璞杯"上海体育产业创新创业比赛路演项目

创业项目名称	关联项目
潋响互联网·24 小时健身房：一个刷脸的健身房	健身
中国穿越无人机竞速联赛：身临其境的竞速运动	航模
种子体育·子网球培训中心：国内首家室内网球幼儿培训机构	网球
未度健身：技术驱动的进阶健身服务产品	健身
约个球啊·无人球房：面向小球类运动的 OMO 社群	小球
好高高尔夫经纪平台：精准对接消费人群的高尔夫营销推广平台	高尔夫
贝当克（金属地掷球）推广计划：来自法国的问候	小球
战极世界格斗冠军赛：融合自由搏击	格斗
综合格斗 MMA 竞赛特点的新型搏击赛事	格斗
火鸡拳赛：娱乐与搏击的完美结合	搏击
无界角斗：国内首创对决模式健身大赛	健身

2018 年举办的首次创新创业大赛结束后，为杨浦区以及上海体育学院国家大学科技园引入了三家企业。因此，2019 年，第二届上海体育产业创新创业大赛暨体育产业"三源汇"推介活动在上海体育学院举行，赛事历时一个月，共征集到参赛项目 31 个。经专家评审，筛选出易租球、无人机竞速联赛、AI 智能运动培训系统、校体帮、智能乒乓仓、冰雪流量入口及分发平台项目、智能健身跑道等 8 个项目，以及 1 个大学生创业项目"时中推拿"共同入围现场路演环节。

综合两次杨浦区体育产业创新创业大赛，可以看到体育社会组织在创业提升方面发挥了重要的作用。从蒂蒙斯的创业三角来看，体育社会组织在这个过程中充当了信息交流平台以及资源共享平台的角色。一方面，通过社会组织的广泛社会接触，将创业创新的信息传递出去，吸引具有创业想法的团队展示自身的成果；另一方面，将银行、风投基金、各路媒体等纳入信息流动的网络之中，使得创业者不再面临投资、宣传等初创团队难以解决的问题。这种体育社会组织的创业提升行为起到了很好的效果。

同时，赛事举办也提供了值得借鉴的经验，上海市为了推进体育类创业，通过出台一系列政策，大力推进商事制度改革，为体育产业提供良好的准入环境。支持退役运动员、大学生、事业单位专业技术人员等积极参与体育创业。支持体育高新技术企业发展。建设体育产业创新创业教育服务平台，帮助企业、高校、金融机构有效对接。鼓励设立各类体育产业孵化平台，从2018年开始，力争培育10家左右高品质的、有影响力的体育产业众创空间。这些做法都在鼓励体育社会组织对商机、资源和人才的把握和使用。

二、广东省五人足球协会创办和粤超联赛发展

广东省五人足球协会是国内第一家经民政部门批准成立的社会足球协会，由其主导成立的粤超公司则是中国第一个有俱乐部入股管理公司的股份制企业。公司负责运营的粤超足球联赛采用公司办赛、区域联赛、社会办赛的形式举办。以2017年为例，共有8支来自广东省内以及境外的顶级球队参赛，赛程长达3个月，全部的33场比赛通过多个网络直播平台进行高清晰的全球网络直播，相关赛事资讯亦及时通过广东电视台、广州电视台、羊城晚报、新快报以及各大门户网站等媒体进行及时的跟踪报道。2019年，广东省五人足球协会还推出了粤乙联赛和小粤超（U15）联赛，进一步发挥体育社会组织的巨大影响力。

在足球圈内，粤超联赛被视为中国体育职业化和产业化的试验田，从体育社会组织创业提升的角度来看，这一联赛从创立到发展，都反映了体育社会组织在寻找商机、发掘资源、聚集团队等方面的特殊作用，既能获得民间的体育发展需求，又能发掘民间体育资源，更能通过体育寻找到志同道合的创业团队。以2018年粤超联赛为例，8支球队包括广汽烽火、南侨欧叶酒业、广州塔酒万达通、澳门千叶、深圳碧波彩惠科技、珠海神州奥斯帝永建、肇庆立讯、韶关广东铭鸿数据等。这些球队全部获得了企业赞助，球员也基本实现了职业化，不仅创造了组织赛事的岗位，也开发培育了源自草根的职业球员，是具有很强代表性和参考性的体育社会组织创业提升案例。

三、浙江省体育产业联合会引领创业行为

浙江省体育产业联合会（Zhejiang Sports Industry Association）成立于

2010年4月，是由浙江省内从事体育产业经营的企业单位自愿参加的、具有法人资格的非营利性联合性社团组织，截至本书写作时有会员单位235余家，是全国最早成立的省级体育产业联合会之一，是5A级社会团体。联合会是一个2.0版本的行业枢纽型体育社会组织，下设体育用品制造业专业委员会和体育服务业专业委员会两个分支机构。

浙江省联合会工作职能包括：协调会员与政府各部门、各行业的联系，协助政府搞好行业管理；建立联合会QQ群、微信群和微信公众号，编辑发布联合会导刊和周刊，搜集有关体育用品和体育服务的各类资讯，加强信息交流，并向会员提供法律政策、专业知识咨询等服务，反映和帮助其解决行业遇到的困难和问题；促进会员与其他行业及国内、国际的经济技术合作、交流，切实维护会员的合法利益等。从这些职能可以看出，浙江省体产联的定位与"创业提升"有着极高的契合度，相比体育类组织有着得天独厚的优势。

近几年来，协会围绕"浙体产业"服务品牌，除了组织每年年会和各项培训活动外，还开展了百家体育企业走进地方活动、体育产业论坛和长三角国际体育休闲博览会等；并会同省级有关媒体开展了浙江省体育产业领军人物评选、浙江省运动休闲旅游达人评选、浙江省大学生体育产业创新创业大赛和浙江省十大商业体育赛事评比等活动。联合会为政府和企业、企业与企业之间的交流和沟通发挥桥梁和纽带作用，做强协会品牌，赋能企业发展，塑造行业IP。从浙江省体育产业联合会发展历程可以看出，打造一个立足某一地域内的、连接"体育"与"产业"的专门协会，对接企业与体育组织，无疑能够更好地发挥各类体育社会组织在创业提升方面的功能。

第四节　宁波市体育社会组织创业提升现状

宁波市作为一个具有大量创业人才的计划单列市，体育方面的创业行为一直引领全省乃至全国。近年来，随着体育产业的发展，宁波市的体育产业创业相关活动层出不穷。中国宁波体育产业博览会自2017年举办以来，至2019年已连续举办三届。同时，第一届宁波体育社会组织"创客荟"活动也于2018年11月成功举办。"博览会"和"创客荟"对人才的挖掘、产业的创新引领与升级发展发挥了重大作用。在第三届"中国宁波体育产业博览会"期间举办的第二届体育社会组织"创客荟"活动中也颁发了科技创新人才奖、运营创新人才奖、教员创新人才奖等多个奖项。以上各类活动都为体育创业提供了极佳的环境和舞台。

在此背景之下，为了更好地了解当前宁波市各类社会组织参与创业提升的现状，本研究团队对宁波市足球协会、篮球协会、游艇行业协会、围棋协会、体育舞蹈协会、海曙区羽毛球协会等多家市级或区级的体育类社会组织进行了深入的访谈和调研，并整理了各个组织在创业提升方面的行为，以及组织管理者对创业提升中存在问题的反馈。由于篇幅限制，本节中选择了部分协会进行重点说明。

一、宁波市游艇行业协会

宁波市游艇行业协会是体育组织参与社会创业提升的典型。该协会成立于2017年3月，是由宁波地区从事游艇制造、买卖、租赁、维修、培训等经营的及从事游艇业配套业务的企事业科研单位、院校、媒体和个人，按平等自愿的原则组成的具有法人资格的、地方性、行业性、非营利性的社会组织。

游艇行业协会由于性质特殊，涉及的企业较多，与创业相关的活动数量显著多于一般体育类协会。具体来说，其创业相关活动涉及整个游艇行业的产业链，如，制造、培训（少儿及成人）、观光、赛事组织等。其中，培训涉及游艇培训、摩托艇培训、帆船培训等三个类型。与创业行为结合最为紧密的是培训活动。以游艇培训为例，其过程涉及航行安全及相关安全管理法规、游艇航行基本知识、游艇操作基本知识、游艇避碰技术、游艇机械推进动力装置、游艇基本安全知识和水上生存技能、实操全体水上训练、实操考试等多个环节，包括了理论培训、实践培训、实物参观、保险等多项可以充分开展的创业活动，与宁波市海事局、宁波大学、宁波多家游艇制造相关企业都有密切合作与联系，从创业提升的角度来说，行业协会的功能能够在这一过程中得到全面和充分的发挥。

协会相关负责人表示，在未来发展中，将从创业的各个环节和角度出发，发挥行业协会的功能，举行全市性或更高级别的与游艇及游艇生活相关的高端发展研讨论坛、博览会、体验活动、品牌海钓等体育赛事及文化节；同时，开展中小学生海洋文化和航海知识教育。通过这些活动对游艇文化进行展示和宣传，消除游艇消费贵族化、奢侈化误区，培育平民化、大众化消费理念，使游艇成为普通人玩得起、买得起的休闲娱乐工具，促进与宁波市海洋经济格局相匹配的游艇经济的发展。

二、海曙区羽毛球协会

海曙区羽毛球协会的发展体现了社会组织创业提升的另一途径。协会与宁波市羽航体育建立了长期而密切的合作关系，解决了"协会没有场馆"的问题，从而更好地发挥了协会的职能，也在很大程度上对体育创业行为形成了帮扶作用。

宁波市羽航体育发展有限公司成立于 2008 年，主要经营羽毛球、乒乓球、足球、篮球、网球等运动项目。羽航体育目前日平均接待运动人数 1 200 人次，年接待运动人数 36 万人次，在宁波市的社会影响力巨大，市区周边市民甚至北仑、奉化、象山的居民也会来运动馆进行运动，全民健身运动在羽航体育运动馆得到了很大的体现，运动馆每年都会邀请上海、杭州、苏州等城市羽毛球运动爱好者来运动馆交流，在极大程度上也带动了更多的羽毛球爱好者。

2019 年，海曙区羽毛球协会与羽航体育达成协议，在羽航体育的场地上开展了一系列面向协会会员的活动，如，羽航体育的场馆周中上午 7:00 至 11:00 向海曙区羽毛球协会的会员低价开放，羽毛球协会组织的一些青少年培训活动也由羽航体育提供师资及场地服务。同时，协会的一些大型赛事和活动也由羽航体育协办，如，2019年6月，由海曙区羽毛球协会主办、羽航体育协办了海曙区机关事业单位羽毛球比赛暨宁波市首届全民运动会羽毛球比赛海曙区选拔赛，比赛分为团体及男双、混双两个单项进行，有13个单位代表队，约150位机关事业在职人员羽毛球爱好者们积极参与。海曙区羽协的发展方式充分体现了体育社会组织在创业提升中通过与社会企业对接创造新的价值的方式，值得许多区级乃至市级体育社会组织参考。

三、宁波市篮球协会

宁波市篮球协会的发展体现了体育社会组织创业提升方面存在的一些问题。协会自1954年成立以来，历经多年发展，已经成为宁波市乃至浙江省范围内具有较大影响力的体育协会之一。宁波市篮球协会下属各县市区分协会（海曙区、鄞州区、镇海区等）和大学生篮球协会等，目前，宁波市篮球协会的收入主要为政府拨款以及赛事组织等，如"星火煤气"赞助的企事业比赛，通过企业赞助，可以获得3万至10万元不等的赞助费。

从创业提升的角度来看，宁波市篮球协会涉及的内容较少，仅有裁判员培训这一项目与社会层面的创业活动相关。协会相关负责人认为，造成篮球协会发展与社会创业脱节的主要问题有多个方面原因，一方面，场馆的缺失使得篮球协会无法定期进行大型赛事，参考海曙区羽毛球协会的发展，可以看到场馆在协会发展中的重要性；另一方面，管理结构和人员也面临着老化和换代的问题，过往的管理人员无法很好地了解当前篮球市场发展的需求，因此，从协会的角度来说，管理者难以捕获市场发展的机会，就意味着无法利用自身的资源实现创业提升。

四、宁波市围棋协会

宁波市围棋协会主要通过进行青少年培训和主办赛事来最大化协会的

社会价值。具体来说，在青少年培训方面，宁波市当前参与围棋培训的青少年大约有2万人，分为幼儿园、小学以及中学三个层面。其中，幼儿园层面的培训大多为协会主导的免费培训，采用每月1~2次的频率在各个对口幼儿园展开。在小学层面，通常为各俱乐部进行付费培训，一般为每周1~2次，协会负责教练员的培训和认证。

在赛事方面，协会主要组织各类段位的认定赛，以面向青少年为主，每年有3~4次的赛事，协会的运营也是通过举办段位赛来进行，主要收入是来自段位赛的报名费，如"中迪·春芽杯"第十九届宁波市幼儿围棋赛。每次段位赛的参与人数在2 000人左右。而在成人的段位赛方面，则基本是公益性质的办赛，其原因在于参与人数较少。

总体而言，围棋协会有较为成型的创业市场环境，需要最大化自身的价值，建立起全市各围棋训练基地、棋院、俱乐部、青少年宫、培训中心、幼儿园等之间的稳定合作关系。同时，围棋协会的相关负责人也表示，希望能够让一些具有一定社会影响力的人物在协会兼职或挂职，这样可以更好地实现协会的社会功能。

五、其他协会参与创业提升

除了以上几家体育社会组织之外，宁波市足球协会、宁波市体育舞蹈协会等体育社会组织在创业提升方面也有着各自的经验。

宁波市足球协会充分利用足球运动的广大群众基础，长期以来开展了多项影响力巨大的赛事，并通过这些赛事实现了各个类型的创业提升。除了甬超联赛、"《宁波晚报》杯"比赛等面向成年人的比赛之外，近年来宁波市足协还组织了"小甬超"比赛，以2018年为例，有22支球队近300名小球员参赛，进行了18场网络直播，超过10万人次在线观看，决赛最高观看人次达到2万。2019年，"小甬超"从两个组别增加到U8、U10和U12三个组别，15支甬超俱乐部都派出了自己的青训队伍前来参赛。这一赛事一方面改善了宁波市足球人才的培养氛围，另一方面也间接促进了宁波市各类青少年培训活动的兴起，在很大程度上实现了足球方面的创业提升。

宁波市体育舞蹈协会则利用主办"春晖杯"的契机,大力推进体育舞蹈与社会创业的结合。如,2018年,由宁波市体育舞蹈协会主办、宁波郁春晖文化发展有限公司承办的第六届"春晖杯"中国·宁波国际公开赛在宁波北仑体艺中心举办,共有超过100个来自全国各地的代表队参加了本次大赛,由于中国国际标准舞总会、中国体育舞蹈联合会、远东国际文化艺术发展中心、中国传统文化促进会舞蹈艺术委员会、北京广阔地平线文化传播有限公司,以及世界舞蹈理事会等各类国内外企业和社会组织的参与,此次"春晖杯"从参赛人数和参赛规模到场馆的硬件设施以及各部门的综合提升巨大。宁波市体育舞蹈协会通过与"春晖杯"的多年合作,已经把赛事影响力从浙江宁波扩散到了全国各地甚至国际上。"集训加大赛"的模式已经受到了广大机构老师和选手家长的欢迎,很多培训机构的暑期特训班都是以参加"春晖杯"为目标而开办的。从创业提升的角度来看,这种"协会+赛事"的模式,很好地将社会组织与社会创业进行了融合。

第五节 宁波市体育社会组织创业提升建议

在创新创业发展的大背景下,各地进行各类产业创新,比如设立各种形式的产业引导基金、产业直投基金,加大招商引资、招才引智政策力度,主要目的也是通过引入更多的创新要素和资源,帮助区域经济增加活力,引入创新发展理念和培育创新动能。在这个过程中,如果要推进体育社会组织的创业提升,一定要根据不同地方区域的体育资源禀赋、体育事业与产业发展特点、体育事业与产业优势和区位条件来制定发展规划、选择实施路径,遵循体育事业与产业发展中产业、服务、资本等要素的内在联系和客观发展规律,促进体育社会组织创业提升与发展。据此,本研究结合调研中获取的宁波市体育社会组织创业提升现状,拟对宁波市以及浙江省体育社会组织给出以下几个方面的创业提升建议。

一、理顺政府、市场、社会关系，奠定体育社会组织的制度基础

体育社会组织既是人民群众体育活动和交往的栖息之地，是群众愿望、利益和诉求的汇聚之地，也是体育公共产品提供和消费的主要场所，它是政府公共体育服务的重要方面和重要纽带。特别是各类体育协会，应当成为群众体育活动的主角，成为公共体育服务的主要承担者，成为政府实施体育管理职能的主要合作者。体育社会组织在去行政化、去级别化、去垄断化的进程中，要增强体育社会组织活力和社会公信力，既改变体育社会组织与政府部门之间存在的行政依存关系，又避免脱钩以后出现游离状态。发挥体育总会的枢纽式作用，将市级各类体育社团打造成枢纽中的网络节点，逐步构建分类、分级、分层、自主、自律、自养的政府与体育社会组织合作的新型的体育社会组织管理新格局，让体育社会组织在创业提升中发挥功能。在这一过程中，需要通过制度创新的方式，给予体育社会组织一定的"外力"，通过人员参与、资金参与、设施参与等方式，奠定体育社会组织创业提升的基础。

二、提升体育社会组织的专业人才培育和发掘强度

人力资源对于专业化程度高的体育社会组织作用重要。从事各种体育运动、健身活动是体育社会组织的特有属性，体育社会组织在传授运动技术，指导健身活动、掌握运动技巧方面需要具备专业知识与能力的专门人才。体育社会组织人员专业化程度普遍不高，缺少有专业素养的专职人员，一些体育社会组织人员主要是机关分流或退休人员，并不具备从事组织运作与管理的能力；组织中"等、靠、要"的现象尽管不严重，但是很多协会管理人员对专职人员数量少、待遇低、人员结构不够稳定、难以吸引和留住优秀人才的现象较多诟病。而在创业提升的过程中，熟悉体育、了解创业的人才无疑是稀缺的，如何将这类人才留在体育社会组织之中，也是亟待解决的问题。

三、完善政府针对体育社会组织的"服务链"

创业提升不仅仅是体育组织的任务，对于政府相关部门来说，针对体育创业服务的能力也极为重要，为不同的体育类创新创业主体匹配更加有针对性的服务内容，包含创新创业的体制机制和政策保障、创新创业的环境、创新创业的文化氛围。同时，政府应加大力度完善体育类创业服务体系建设，例如引入体育成果转化机构、体育应用技术转移机构、体育产业众创空间等科技服务载体，为体育社会组织解决缺少固定办公空间，缺少法律、财务、知识产权等中介服务等问题。

四、加强政府购买体育社会组织服务和职能转移的力度

当前人们对于体育社会组织的认可度和认知度有待提高，一些体育部门因对体育社会组织缺乏了解而导致信任感不够，对于其参与政府购买的投标，或者对其动机或能力持怀疑态度，这种情况影响了体育社会组织参与政府购买服务和承接转移职能。部分地方的体育部门对非"嫡系"的体制外的体育社会组织怀有戒心，不太认可由体制外发起成立的体育社会组织承接部门转移和参与购买服务。而大多数体育社会组织的创业都是产生于政府购买服务之中，因此，应当加大政府购买体育社会组织服务的力度，尤其是对于具有影响力的体育社会组织，给予重点购买等政策倾斜。

第五章 浙江省高校体育类专业大学生创业行为研究

第一节 本章研究背景

一、大学生创业的时代需求

自 1999 年我国高等教育实行大规模的大学扩招政策以来,高等教育从精英教育转向大众教育,2016 年 4 月,教育部发布的首份《中国高等教育质量报告》指出,中国高等教育毛入学率已经达到 40%,同时,我国大学毕业人数也在不断增加,根据教育部统计的数据显示,2010 年,全国高校应届毕业生人数为 630 万,2011 年增加到 660 万,2012 年毕业人数为 680 万,2013 年毕业人数为 699 万,2014 年上升到 727 万,当时被称为史上最难就业季,2015 年中国高校毕业生达 749 万人,2016 年更是增加了 30 万人,达到 779 万,到 2017 年,我国高校毕业生人数已经达到 795 万人,与此同时,世界经济形势的变化导致我国的经济或多或少受到了些许牵连,直接的结果就是每年毕业生人数和社会为其提供的就业岗位数量不成正比,加之目前我国国内许多的企业因为行情不好相继开始解雇员工,有的甚至破产倒闭,使得大学生就业环境更加糟糕不堪。中国大学生就业目前面临的状况是：没有最难，只有更难。然而，也正是这严峻的就业难问题使得大学生开展创业活动变成一种必然的趋势，越来越多的大学生开始迈向他们创业的道路，通过创业来实现其自身的价值。党的十七大就解决大学生就业问题提出了"以创业带动就业"的口号；随后，在党的十八大报告中提出"引导劳动者转变就业观念，鼓励多渠道多形式就业，促进创业带动就业"，且中央和地方各级政府相继出台了各类政策，鼓励和支持大学毕业生创业，维持社会和国家经济的稳定发展。

目前，我国的经济发展进入调整时期，在由要素投入驱动转向创新驱动的"新常态"下，创业成为经济发展的重要引擎。《中国大学生就业创业发展报告（2013-2014）》显示："平均每个大学生创业者能拉动3.63人就业；平均每个创业企业能提供16.72个就业岗位。"[1]2015年，国家提出要大力推动"大众创业、万众创新"，以此来鼓励我国大学生通过进行创业活动来创造财富，在这个过程中展现其自我价值。国务院先后发布了24份与创新创业有关的重要文件，由此可见，创业的确能够缓解社会就业压力，且创业已经被纳入国家的重要议程，并已提升到国家战略的高度，受到我党和政府的高度重视。

大学生是我国未来快速平稳发展过程中的主力军，同时也是我国创新驱动发展战略实施的主体力量之一，更是能否实现"中国梦"的关键。大学生群体作为一支独特的创业力量，是社会创业的重要组成部分。而作为高校毕业生的重要组成部分，体育专业学生因专业自身的原因，绝大多数把自己的工作岗位仅定位为体育教师，而目前该岗位处于一种饱和状态，每年能吸收接纳的体育专业毕业生很少。在这种现有状态下，体育消费能得以迅速增长，体育产业市场不断发展，就业的领域变得越来越宽得益于目前我国国民生活水平在不断提高，对自身身体健康的重视程度也越来越高。但是与体育产业领域相关的基本都属于自主创业领域。体育专业学生

---

[1] 杨晓慧. 中国大学生就业创业发展报告（2013—2014）[R]. 北京：人民出版社，2016.

创业主要是其自身及其创业团队利用自己在学校中学到的知识、技能和所拥有各种能力，通过自筹创业所需资金、技术参与入股、外企融资、寻求合作等方式，在机会有限的环境中，不断努力创新、寻求创业商机，创造价值，促进企业良好发展的过程。

体育专业学生和其他大学生相比，拥有更为顽强的意志、非凡的勇气胆识、独立意识和体育技能上的优势，体育专业学生非常适合在体育产业发展的大好前景下进行创业活动。但有优势就也存在一定劣势，因为体育专业学生的专业特征，其文化素养水平一般会低于其他专业的学生，这也是个无可争辩的事实。这就导致在我国，虽然高校体育专业学生创业已经引起了体育界的关注，国家也针对体育专业学生创业的现状出台了各种相关优惠政策和文件，鼓励支持他们进行创业活动，但是就目前来看，高校体育专业学生创业的现状堪忧，且从体育专业学生创业的后续情况中可以发现成功的案例不多，那么影响高校体育专业学生创业的因素到底有哪些？我们有必要对高校体育专业学生创业的影响因素进行深入探究。而从现有的文献资料来看，我国学者在创业影响因素研究方面基本集中在对大学生创业环境、创业政策、创业教育的研究上。本研究认为，只有将理论研究和实践相结合，才能更好地解决当前在中国大学生创业中存在的问题，促进大学生成功创业，如蒂蒙斯创业过程模型中商机、资源、团队这三个维度对创业成功与否有着很大的影响，他认为商机是核心要素，创业的核心是发现和开发商机，并利用商机实施创业，且创业过程始于商机。同时资源是发掘商机过程中不可或缺的重要支撑要素，创业团队为了合理充分利用和整合资源，往往需要制定合适的创业计划，做到物尽其用，提高创业的成功率。

二、体育类专业毕业生创业的现实意义

体育高等教育的不断扩招，使社会需求逐渐从过去的"供给短缺"发展演变为现在的"供给过剩"，加上体育专业的行业特征性比较明显，就

业面相对较为狭窄，尤其近几年，就业市场对于体育专业人才的需求几乎处于饱和状态，因此就业形势非常严峻。影响大学生创业的因素有很多，而影响体育专业学生创业的因素又有哪些？本章旨在通过文献资料法、多案例分析法以及系统分析法将影响高校体育专业学生创业的因素梳理出来，并提出对策建议，帮助高校体育专业学生创业提高成功率。

体育专业学生因为在自己的专业领域中有着无与伦比的优势，同时作为我国体育事业发展的中流砥柱，体育专业学生创业在一定程度上可以体现一个地区经济发展的情况，是推动社会发展中不可或缺的一部分。通过文献资料查阅发现，虽然学术界的学者对创业的研究已经有了一定程度上的成果，也引起了足够的重视，但是对于体育专业学生创业影响因素的研究较少，而体育专业学生创业范围相对较窄，更多的学生创业主要是将自己所掌握的知识、运动技术以及运动技能通过教学、训练、组织协调等方式转化为现实的服务产品，创业焦点主要集中在体育产品销售、全民健身推广等方面，可又由于目前市场竞争的激烈，能够成功创业的学生凤毛麟角。因此，本章基于蒂蒙斯的创业过程模型，通过对浙江省高校体育专业学生创业案例进行研究分析，总结出影响高校体育专业学生创业的因素，从而更好地帮助高校体育专业学生进行创业活动，为提高高校体育专业学生创业的成功率提供借鉴。同时，也为相关政府部门在制定和实施创业政策时提供优化对策。

三、本章主要研究内容

本章主要通过多案例分析的方法，研究浙江省高校体育专业学生创业的影响因素，发现其在创业过程中存在的问题并给出相应的对策和建议，具体的研究内容如下。

第一部分是文献综述。通过对国内外学者对于创业的概念、创业过程模型和创业影响因素等相关研究进行界定和综述，为本研究提供理论依据。

第二部分是案例分析。主要是结合蒂蒙斯创业模型，从创业商机、资源以及团队三个核心要素出发，对高校体育专业学生创业者进行实地调研访谈，采用半访谈半问卷调查的方式，详细分析介绍了创业者所创公司的基本情况和其创业发展的过程。

第三部分是高校体育专业学生创业的影响因素分析。本部分主要是通过对上一部分介绍的案例进行总结提炼，验证已有的研究结论并分析体育专业学生创业者在创业过程中的影响因素。

第四部分是高校体育专业学生在商机的捕捉、资源的整合以及团队形成这个创业过程中存在的问题。

最后是本章结论建议。通过之前的研究分析得出主要结论，为高校体育专业学生创业提供相应对策和建议，促使他们所创公司平稳快速发展。

四、本章研究方法

（一）文献资料法

本章通过查阅大量已有的文献和研究成果，包括中外文书籍、理论文献、某些实证研究的文献、报刊等，充分利用互联网和图书馆等信息资源库对于创业相关的材料进行检索、筛选、归类、分析等，梳理清楚本章的研究线索，明确探讨高校体育专业学生创业的影响因素是本章研究目的。

（二）案例分析法

一般来说，人们在进行一项研究的时候，通常会借助已有的文献资料或者是实证研究证据来构建研究所需的理论，也可以借助多案例研究来解决问题。根据论文内容研究的需要，本章通过实地调研访谈，研究高校体育专业学生创业的影响因素，借用已有研究来揭示体育专业学生在创业过程中存在的问题，主要采取案例研究的方法，提出了体育专业学生在创业过程中创业商机的来源、创业团队的形成以及创业资源的整合是影响创业质量的主要因素，进一步深化相关的创业研究理论，在实践上为高校体育专业学生创业提供对策和建议。此外,案例数量的选择在案例研究中占据较大比重,且多案例研究方法有利于观点之间的相互印证。因此,本章在进行案例挑选时,考虑了主观原因和客观原因,以及一般学者在案例数量挑选上的合理看法,最后选择了5个浙江省体育类专业大学生创业案例作为本章的主要研究案例。案例选取原则和具体案例介绍详见第三节内容。

(三)问卷调查法

基于蒂蒙斯的创业理论设计调查问卷,通过创业相关的若干重点问题设置,对案例选取对象进行半结构式调查问卷的方法,采用自填问卷和访问问卷两种方式,进行了细致、深入的面对面访谈,由于访谈对象的积极配合,调研获得了预期的访谈结果。

第二节 文献综述

一、国外对创业概念的界定

创业(entrepreneurship)一词最早出现于1775年,法国经济学家理查德·坎蒂隆(Richard Cantillon)将创业者和其在经济中所承担的风险联系在一起,这也是创业的第一次定义,即创业代表着承担风险。[1]

不同时期的学者对创业的定义也都不同。如罗伯特·荣斯戴特(Ronstadt)认为,创业是创造财富的动态过程。[2]他们在创造财富的过程中,承担了资产价值、职业承诺、时间、企业发展所需的产品和服务等风险。其中这些产品和服务不见得完全是新的,是独有的,但是其所产生的价值

---

[1] 理查德·坎蒂隆. 商业性质概论[M]. 余永定,徐寿冠,译. 北京:商务印书馆,2011:7-8.

[2] Ronstadt R. Entrepreneurship: Text, Cases and Notes[M]. Lord Publishing, 1984: 13-15.

却是创业者通过识别商机、整合资源得到的。

霍华德·斯蒂文森（Stevenson）和苟斯拜客（Grousbeck）[①]认为，创业是一个人对商机的追踪识别和发掘捕获的过程，而这个人可能是独立的个体，也可能是某个组织的成员，而这个过程与他当时可拥有的后期创立公司企业所需要的资源无关。随后进一步指出，"创业可由以下七个方面的企业经营活动来理解：发现商机、战略导向、致力于商机、资源配置过程、资源控制的概念、管理的概念和汇报政策"[②]。同时，提出商机的发掘、追踪识别和捕捉商机的意愿以及获得成功的信心和可能性在创业过程中非常重要。

蒂蒙斯[③]认为创业会受到许多因素的影响，比如说创业过程中对创业商机的识别和捕捉，这就要求创业带头者在开展创业活动的过程中需要拥有良好的领导能力和逻辑思维能力，察觉市场的变化并创新地解决所面临的问题。

巴隆（Baron）和谢恩（Shane）[④]认为，创业作为一个商业领域，致力于理解创造新的产品、市场、生产的过程、原材料、技术等这些新事物的商机是如何被特定个体所发现或创造的，这些人又是如何运用各种方法去利用或者开发它们，然后产生各种结果。

莫里斯（Morris）[⑤]在一份在文献中回顾了欧美教科书和核心期刊当时出现的关于创业概念的 77 种界定说法，并通过创办新企业、创建新团队

---

① Stevenson H, Roberts M, Grousbeck H. New Business Ventures and the Entrepreneur [M]. McGrawHill, 1994.

② 创业学第一章概念 [M/OL]. https://wenku.baidu.com/view/509c8516482fb4daa58d4bfe.html.

③ Timmons J A. New Venture Creation: Entrepreneurship for 21st Century [M]. 5th Edition. Homewood: Irwin-McGraw-Hill, 1999: 11-13.

④ [美] 罗伯特·A.巴隆，斯科特·A.谢恩. 创业管理：基于过程的观点 [M]. 张玉利，谭新生，陈立新，译. 北京：机械工业出版社，2005：36-39.

⑤ Morris M H. Entrepreneurship intensity:sustainable advantages for individuals, organizations, and societies [M]. London: Westport, 1998.

组织、整合新的资源、承担风险、识别捕捉商机等概念界定，以中高频率出现的关键词揭示新的创业内涵。

美国巴布森学院和英国伦敦商学院联合发起"全球创业监测"项目，邀请来自加拿大、德国、日本、法国、丹麦、芬兰、以色列等10个国家的研究人员参加，将创业定义为：依靠个人、团队或现有企业（如个人自营创业、新的商业团队组织，或一个现有企业的扩展）建立一个新企业的过程。

二、国内对创业概念的界定

"创业"一词在《现代汉语成语词典》中的解释，是由"创"和"业"组成，其中"创"指的是创建、创新和创意；而"业"则是指学业、专业、就业、事业以及家庭等。《辞海》将"创业"定义为"创立基业"，指的是开拓新的领域和业绩。

郁义鸿[①]将创业定义为：创业是在发现识别并捕捉商业机会后创造出新颖产品或者服务，以这种方式来实现其潜在价值的过程。清华大学姜彦福、林强、张健[②]认为，创业本质上是一项创新活动，创业者通过对企业进行良好的管理来实现创业，它需要拥有较高的适应能力和风险承担能力。

王会龙对阿马·毕哈德（Amarv Bhide）、谢恩（Shane）和文卡塔拉姆（Venkataram）、加特纳（Gartner）[③]的创业定义加以总结，得出结论：识别和追踪商机是创业过程中的核心要素，创业者通过创造出新颖的产品或服务来实现其公司潜在的价值。陈康敏认为，创业有广义和狭义之分，广义的创业是指创新立业，狭义的创业是指创办新企业，大学生创业主要是指创办新企业。

---

① 郁义鸿. 创业管理学［M］. 上海：复旦大学出版社，2000：12-13.
② 林强，姜彦福，张健. 创业理论及其构架分析［J］. 经济研究. 2001（9）：10.
③ 陈康敏，彭小孟. 大学生自主创业能力培养探析［J］. 赣南师范学院学报，2009（5）：87-89.

吴道友[1]将创业定义为：创业就是用一种新的手段方法去做一件新的事情，它不是一个简单的行为，存在一定的风险。创业包括了一系列的行为和举动，是一个拼凑组合而成的概念。通常用机遇、风险、资源、创新和决策这五个要素来评判某个活动是否是创业活动。其中机遇主要是指创业商机，认为创业过程是需要主动发现追踪并捕捉商机的过程；风险，即创业必须冒风险，顾名思义就是创业者必须承担市场风险、财务资金风险、社会风险等在创业过程中必然存在的风险；资源的获取配置及整合是创业公司在设立阶段的核心任务；创新则是指创业也是其产品、市场、客户、技术不断创新的过程；最后，创业包含一些鉴定判断，是一个决策的过程。

裴利芳、徐宏伟[2]将创业定义为：创业是在特定的社会环境下，具有创新品质、敢于超前行动和勇于承担风险精神的创业者及创业团队发现并积聚资源、捕获和利用商机，并在此过程中创造新价值的活动。

姜红仁[3]认为，对创业内涵的认识需要注意创业的主体和创业的方式这两个方面，以这两方面为界定标准，创业可以定义为：个人、集体或者组织，通过对创业商业的追踪和捕捉，整合创业所需要的相关资源，创办新的公司企业并扩大或转变其经营范围，创造出客户、市场所需要的新的产品和服务，从而实现其价值的行为。

范蔚[4]通过对国内外创业研究历史的回顾，将创业定义为：创业是指个人或团队充分发掘商业信息，捕获并利用市场商机，组织自身资源如学识、财力等，利用相应的平台或载体以一定的方式转化、创造新的财富和价值，并实现个人理想的过程。在此过程中，创业者为社会提供了更多的、新的社会岗位。

---

[1] 吴道友. 中小企业内创业能力及其与绩效的关系研究[D]. 杭州：浙江大学，2003.

[2] 裴利芳，徐宏伟. 创业研究概念框架述评[J]. 北京科技大学学报（社会科学版），2010，26（4）.

[3] 姜红仁. 我国大学生创业支持政策研究[D]. 武汉：武汉大学，2014：11-12.

[4] 范蔚. 大学生创业能力现状及培养策略研究[D]. 南京：南京邮电大学，2016：4.

综上所述，人们对创业有着各种各样的理解，概括起来可以将创业理解为：创业者培养自己的创业意愿，发现并捕捉创业商机，对自己现拥有的或通过努力对能够拥有的资源进行优化整合，以一定的方式转化成财富、价值的过程。

三、理论基础——蒂蒙斯创业过程模型

在本书上一章中，曾有关于蒂蒙斯创业模型的简要介绍。本节在此基础上，进一步给出创业模型的具体细节。1999年，美国创业学教育和研究的领袖人物，巴布森学院杰弗里·蒂蒙斯在其著作《新企业的创建》中，提出了一个经典的创业过程模型，他认为成功创建新事业的根本要素主要包含创业商机、资源以及创业团队，成功的创业活动需要创业带头者对这三个核心要素进行最适宜的匹配，并且还要在创业的过程中随着所创企业的发展而不断进行动态平衡。[1]（见图5.1）。

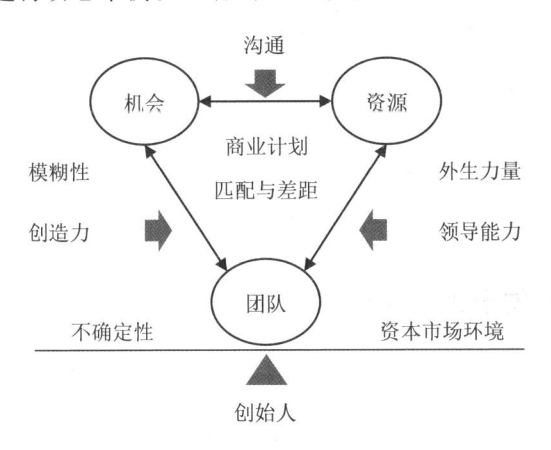

图5.1 蒂蒙斯创业模型

---

[1] Timmons J A. New Venture Creation [M]. 7th Edition. Singapore：Mc-Graw-Hill，2007：79-94.

对于创业研究来说，蒂蒙斯模型具有较强的代表性。蒂蒙斯创业模型非常重视创业商机、创业团队以及资源这三个维度之间的动态性、连续性和互动性，换句话说，在创业过程中，创业的实质就是创业团队不断发掘和捕获新的创业商机，借助资源的支持和配合，确保可以更深层次地开发和处理创业商机，最终完成创业项目，谋取经济收益。蒂蒙斯认为，在创业前期，最关键的是商机的发掘与选择，创业过程始于商机，由商机启动，而决定商机的形式和深度是确定资源和组建创业团队的重要组成部分；创业初期的侧重点在于组建创业团队。蒂蒙斯认为，创业商机、创业资源以及创业团队这三个因素在创业过程中会因为每个因素的相对重要性发生变化而出现创业过程不均衡的现象，为了保证企业在创业过程中保持平衡发展，需要创业者能够根据创业重心的变化及时地进行相应的调整。

蒂蒙斯认为，创业者必须拥有良好的学习指导能力、创造力，带领其创建的团队创新地去解决创业过程中面临的问题，及时调整创业商机、资源和团队的动态平衡，从而确保新企业的稳定快速顺利发展。蒂蒙斯模型把创业看作一种高度动态的过程，他认为创业的起点是识别与评估并捕捉良好商机，也是创业的核心所在。在捕捉商机的过程中，获取并整合创立企业所需的资源是必不可少的支撑要素，资源的整合需要一个优秀的团队，因此，团队通常需要制定出色有效的创业计划，做到物尽所值。[1]

四、国外关于大学生创业的相关研究

伦德斯特伦（Lundstrom）和斯蒂文森（Stevenson）主要是对创业政策进行研究论，提出："创业政策的出台并落实能为国家或地方进行创业活动提供良好的扶持和保障，能一定程度上激发培养创业者的创业精神，是新创业企业快速稳定发展的重要措施。

---

[1] 董保宝，葛宝山. 经典创业模型回顾与比较［J］. 外国经济与管理，2008，30（3）:19-28.

他们将创业政策分为中小型企业政策、新企业创立政策、细分创业政策以及包含前三者的全面的创业政策。其中细分创业政策主要是将创业主体细分为大学生、待就业者、妇女和技术人员等；把政策细分为研发支出、投资融资、创业孵化器等几个方面。最后把创业意愿、创业商机、创业资源、创业能力等要素作为出发点，构建创业融资政策、创业教育政策、创业环境营造政策等创业政策框架。①

国外尤其是德国和美国是创业教育研究典的型代表，德美两国企业发展历史悠久，在早期就开始对创业教育进行研究发展，主要是改革教育传统、创新教育内容，同时鼓励青年创业活动的开展，这很大程度上推动了该国社会经济的快速发展，且极大地增强了他们的国家竞争力。Rrian和艾尔戴尔（Iredale）觉得创业教育在帮助大学生树立创业思想意识和引导他们做出正确的选择方面起着重要的作用。当然，其他许多国家也已经在学校开设了创业教育这门必修课。②

格耶瓦里（Gnyawal）和弗葛尔（Fogel）③提出的五维度模型，以及GEM（全球创业观察）提出的模型是国外关于创业环境构成研究成果中最具代表性和最有影响力的。五维度模型主要是指政府政策、工作程序、社会经济条件、创业和管理技能、对创业资金（非资金）的支持。GEM（全球创业观察）提出的模型，认为创业环境是由财政支持、政府政策、政府项目、教育和培训、科研转移、商业环境和专业基础设施、国内市场的开放、有形基础设施的可得性以及文化和社会规范等9个方面组成。

国外对于创业的影响因素分析很多，但概括起来主要是从以下四个要

---

① Lundstrom, Stevenson. Entrepreneurship policy for the future. Swedish Foundation for Small Business Research [J]. Stockholm. Sweden, 2001（6）：134-136.

② 互联网论文网. 大学生自主创业的政府扶持研究 [EB/OL]. [2014-6-30]. http://big.hi138.com/jisuanji/hulianwangyanjiu/201304/438607.

③ Gnyawal D R, Daniel S. Fogel Environments for entrepreneurship developments: key dimensions and research implications [J]. Entrepreneurship Theory and Practice, 1994（4）：43-62.

素进行研究分析：①个体特征。Lyigun 表示，接受过正规高等教育的大学生虽然文化程度相比没有接受过正规高等教育的人来说要高一些，就业选择范围也宽广一些，但是这类人往往比较倾向于选择相对稳定的工作，而不太愿意自己创业，或者说是不太愿意选择要那些需要不断面临不确定性因素的创业。②个体背景。首先，个体背景包括家庭背景和工作背景。桑德斯（Sanders）表明家庭环境是影响创业意愿的重要因素之一，因为家庭关系代表了一种创者的社会资本。③创业资源。创业资源主要有人力资源、资金资源以及社会资源三大类。拜格雷夫（Bygrave）表明，创业者如果拥有较高的人力资源，加上潜在的投资者比较青睐支持这类创业者，那么他就比较容易成功。舒曼（Shuman）发现，大约有一半的企业是由创业团队创建的，因此，他进一步指出出现该现象的主要原因在于创业团队具有更为多样化的技能和更广阔的社会网络等优点。④创业环境。国外专家认为政策、经济、产业、金融和文化环境等宏观环境对创业的影响是无可避免的，因为创业是在宏观环境下的一种行为。

陈芳、李鸿浩[1]发现美国大学生创业的主要特点有高效的创业组织管理、健全的创业教育体系、良好的创业经营环境以及完善的创业保障机制。上进的创业精神、良好的创业商机、厚实的创业资金、便利的创业条件、完善精准的创业教育、健全高效的法制体系以及成熟稳定的市场经济都在一定程度上影响着美国大学生开展创业活动。

五、国内关于大学生创业的相关研究

（一）关于大学生创业影响因素的相关研究

陈超、万金强[2]通过发放问卷，对不同年级、专业的500名学生进行

---

[1] 陈芳，李鸿浩. 美国大学生创业的影响因素、特点与启示［J］. 浙江工业大学学报，2013，12（3）：5.

[2] 陈超，万金强. 大学生创业现状及其影响因素［J］. 科技广场，2010（4）：2.

调查，得出影响学生创业因素有以下六点：①个人因素。个人因素包含创业态度、个人特质。②社会经验。如注册、贷款、办理工商手续、法律等创业的基本常识，以及对市场需求的理解、对风险的分析，还有创业行业的选择和创业方式等。③环境影响。④资金因素。在大学生创业过程中，存在两种现象：一种是已经捕捉到好的创业商机，但缺乏创业启动资金，阻碍了他们创业活动的开展；另一种是已经开始创业，但在创业中后期缺乏创业所需的资金，导致创业团队在面临风险时不能完善处理，最终创业失败。⑤创业教育。目前许多高校在大学生创业教育上，仍然处在探索和鼓励阶段。高校虽开设了相关课程培训，但在教学模式上多以理论教学为主，存在局限性。⑥家庭因素。如果家族中有良好的创业氛围，那么这些潜在的创业者就会有意识地去关注或者了解开展创业活动、地方政府出台的相关创业政策。在其步入大学后，会更加明确自己日后奋斗的方向，科学掌握更多企业运作管理的知识。

杨加勇[①]认为我国大学生创业成功率低，与其他发达国家比，我国的大学生创业主要体现出两个特点：一是想法很多，但是真正付诸行动的很少。二是创业科技含量和成功率低。而将创业的影响因素主要划分为以下四点，一是个人背景影响大学生创业，如创业者的性别和年龄、专业和学历、工作经历等。二是个人特质影响大学生创业，如成就需要、控制源、自我效能等。三是创业综合素质影响大学生创业，如创业意识、创业知识、创业精神、创业能力以及创业思维等。四是环境影响大学生创业，如政府支持体系、学校创业教育体系、市场环境和家庭环境等。

滑瑞[②]通过研究表明，社会和大学生自身是影响我国大学生创业成功与否的主要因素，大体可以分为以下几个方面：①智力知识因素。智力技能和知识因素的训练和提高在一定程度上可以培养创业者的个性品质，进

---

① 杨加勇.大学生创业影响因素及创业能力提升研究——以A校大学生为例[D].昆明：云南大学，2013.

② 滑瑞.影响我国大学生成功创业的因素研究[D].长春：东北师范大学，2010.

而产生并推动大学生开展创业活动。②个体素质因素。创业者需要具备良好的学习指导能力、适应能力、社交沟通能力、解决问题能力等综合性的个体素质。③企业经营能力。由经营管理能力、识人用人能力和运筹财务能力组成的企业经营能力是一种社会角色的练习本领,它为企业的生存发展奠定基础。④社会资源因素。社会资源分为由资本金、原料、房屋、办公设备等组成的"硬资源"和由技术、人才、社会人脉组成的"软资源"。⑤文化精神因素。⑥其他因素。

杨潇潇[①]认为,青年创业受很多方面因素的影响,她将影响青年创业的因素分为三个方面:①个人因素。个人因素包含了创业者的个人特质,比如已有的知识、警觉性、自信心、丰富的社会网络、风险感知等;还包含了创业者能力,具体如组织相关能力、战略相关能力以及承诺相关能力。②环境因素。她认为创业环境影响创业者的创业动机、对创业商机的识别、对创业的支持力度以及创业环境影响创业的结果。而创业环境对青年创业的影响主要通过政府政策、教育培训、文化和社会规范等形式实现。③风险因素。创业风险主要分为创业市场风险、创业管理风险、内部协调风险和人力资源风险。其特点有客观存在性、不确定性、损益双重性、相关性、变化性以及可测性和不准确性。

(二)关于大学生创业政策的相关研究

学者们开始关注创业政策并且将其发展成为一个全新的领域,主要得益于清华大学在 20 世初对国外 GEM 模型进行了深入引进研究。

何云景等[②]从系统优化的角度研究分析了我国的创业政策和相关的创业支持,认为创业活动是创业动机、个人技能和创业商机相互结合的结果。在出台相关创业方面的政策时,应该围绕这三者来进行设计,并且根据相

---

① 杨潇潇. 中国青年创业发展研究[D]. 武汉:华中师范大学,2015.

② 何云景,刘瑛,李哲. 创化政策与创业支持:基于系统优化的视角[J]. 科学决策,2010(4):9.

关文件和已有文献总结构建出由创业精神、创业技能和创业资源三要素组成的创业支持体系框架；同时提出政府、媒体、社会、亲友和家庭是构成我国创业支持主体的五个要素。

刘军[①]在其发表的论文中提出，我国大学生创业是从清华大学在1988年举办首届清华创业计划大赛开始发展的，1989年，共青团中央等部门联合举办的"挑战杯"中国大学生创业计划大赛使得创业在高校中成为一个热门活动，推动大量高校学生开展创业活动，进一步扩大了创业在高校的影响力。大学生创业规模开始不断扩大，社会经济效益日益显现，政府需要开始制定并完善相关政策的引导，来鼓励大学生进行创业活动的开展。纵览不同历史时期中国大学生创业政策的变革，大致分为以下四个阶段：① 1990年至21世纪初，大学生创业政策的探索阶段；② 21世纪初至2008年前后，大学生创业政策受到重视并逐步推进阶段；③ 2008年前后至2012年，大学生创业政策逐步完善和重点推进阶段；④ 2013年至今，大学生创业政策全面推进和实施阶段。

顾世杰[②]对我国大学生创业政策的研究是直接针对某个地区开展的，他发现，从2015年开始，全国各地很多地区开始参与到大学生创业的相关政策扶持中，各个地区联手共同营造良好创业氛围和创业环境。但是存在创业教育培训不够全面系统，创业政策实施范围与收益结果不匹配的现象。

在大学生创业政策实施中，李娅[③]认为主要存在以下两个问题：第一，政策内容所涉及的覆盖面狭小、税收激励强度较低、外部企业融资存在缺陷、资金支持系统不完善；第二，地方政府和高校对创业优惠政策的宣传不到位、学校创业教育系统配套不完善、创业财政支持力度较弱等。

---

① 刘军. 我国大学生创业政策：演进逻辑及其趋向［J］. 山东大学学报，2015（3）：46-53.

② 顾世杰. 我国创业政策研究［J］. 安徽科技，2015（6）：12-14.

③ 李娅. 完善我国促进大学生创业政策的建议［J］. 科技创新导报，2010（3）：15.

（三）关于大学生创业教育的相关研究

创业教育主要是着重于培养人的创业意识、创业思维、创业技能等各种创业者在创业过程中所需要具备的综合素质。赵乐发[①]认为，体育专业大学生创业教育的重点在于学校应当重视对体育类专业学生进行创业教育，培养其创业意识和提高其创业素质，培养学生的创业精神和提高其在创业活动中实践能力。高校体育专业学生的创业教育模式可以分为四个部分：创业课程、创业环境、创业实践活动和创业研究。

王贤国[②]将中美两国的创业教育与大学生的创业实践进行对比研究，得出目前我国大学生创业教育和创业活动的开展仍然处在较低的水平的结论，问题主要集中于我国大学生对创业活动和高校的认识不够全面，高校缺乏具有丰富创业实践经验的教师团队，在设置创业教育课程中逻辑和体系有待进一步完善，教育教材和教育内容没有统一明确，创业教育内容陈旧，缺乏创业思维和创业精神等多方面的教育，教育模式不够开放，且在教育方法上缺乏多样性等。

万荣根，曲小远[③]提出，高校创业教育和就业教育存在"人为分离"的现象，高校创业教育市场化缺乏更为专业的支持，高校创业教育体系难以和市场需求进行有效的衔接。这些问题的存在主要是因为高校在开展教育活动的过程中缺乏科学性的目标定位、缺乏社会支撑体系的配合以及"市场型"的教育课程体系和拥有丰富创业实践经验的师资团队。

刘艳增[④]通过研究我国高校创业教育，分析其存在的问题并提出了个

---

① 赵乐发. 体育专业大学生创业教育模式构建［J］. 齐齐哈尔师范高等专科学校学报，2014（3）：3.

② 王贤国. 浅析我国大学生创业教育的主要问题［J］. 中国大学生就业，2004（4）：47-48.

③ 万荣根，曲小远. 新时期大学生创业教育市场化的问题与对策研究［J］. 高等工程教育研究. 2014（5）：3.

④ 刘艳增. 大学生创业教育内容与模式研究［D］. 长春：吉林大学，2015.

人、学校和社会相互协调的"三位一体"的高校创业教育模式。郑琳川[①]提出构建"课程学习+时间锻炼"双轨道、"普及教育+精英提升"双层次的创业教育新模式,以有效解决完善当前师范院校在师资、教学管理、教育内容等方面存在的问题和缺陷。叶韵诗[②]提出,在构建高校创业教育机制的时候,应该从思想定位教学管理、创业实践、制度保障、教学考核和激励这五个方面出发。

(四)关于大学生创业环境的相关研究

截至本研究进行时,国内学者对创业环境概念的界定大体上分为平台论、因素论以及系统论。平台论的代表——叶依广等[③]在《创业环境的内涵与评价指标体系探讨》中指出,创业环境就是一个公共平台,是由当地政府和社会为创业者创办新企业所搭建的。因素论的具体代表——张健等[④]发表了《创业理论研究与发展动态》,并认为创业环境是各种因素的组合,这些因素主要指的是在创业过程中和创业行为产生某些联系。系统论的典型代表——池仁勇[⑤]在《美日创业环境比较研究》中指出,创业环境是一个非常复杂的社会系统,它是创业者在创立新企业的过程中所处的境况,他们通过开展创业活动、提供产品和服务获得相关收益。池仁勇认为创业环境主要包括创业者培育系统、企业孵化系统、企业培育系统、风险管理系统、报酬系统和创业网络系统等六个子系统。

---

① 郑琳川. 师范院校开展创业教育的模式探索[J]. 湖北科技学院学报,2015,35(1):3.

② 叶韵诗. 我国高校创业教育机制研究[D]. 广州:广东外语外贸大学. 2014.

③ 叶依广,刘志忠. 创业环境的内涵与评价指标系统探讨[J]. 南京社会科学,2004(2):228-232.

④ 张健,姜彦福,林强. 创业理论研究与发展动态[J]. 经济学动态,2003(5):71-75.

⑤ 池仁勇. 美日创业环境比较研究[J]. 外国经济与管理,2002(9):13-19.

苏益南[①]通过借鉴国内外学者研究成果以及自身对大学生创业的研究，将大学生创业环境主要概括为以下五个维度：①政策环境，主要由政府颁布的针对新企业的政策、信用政策、税收政策、知识产权保护政策、市场行为监管政策等组成；②经济环境，主要和整个国民经济的发展水平、新企业所拥有的基础资源设施、地理位置和其目标客户群体的收入及购买力息息相关；③教育和培训环境，主要是指高校在大学生开展创业活动时给予的支持，具体如进行创业教育活动、创业技能培训等；④融资环境，主要包括创业者在创业过程中涉及的创业专项扶持基金、风险投资、金融机构贷款等外部融资的获取难易程度；⑤社会文化环境，指的是社会对整个创业氛围的态度、家庭和朋友对创业的支持、在创业失败时的宽容度、媒体的引导和社会的诚信情况等。

蔡莉等[②]结合加特纳的理论观点，提出了创业环境是对创业活动整个过程产生主要影响的因素的总和。并且根据综合经济供需论和资源依附论，建立了新的创业环境维度模型，该模型认为创业环境应包括六个维度：政策与监管环境、金融环境、科技环境、市场环境、人才环境和文化环境，并认为创业者在创立新企业的过程中应该主动地去迎合所处的创业环境。

六、研究述评

近些年，人们对大学生创业问题的关注度越来越高，在国内外学者关于大学生创业影响因素的研究当中，有单个因素的研究，也有双因素甚至多重因素的研究。高校体育专业学生创业影响因素研究主要集中在创业环境、创业教育、创业政策三方面。本研究认为，在体育专业学生创业的这个过程中，创业资源、创业商机或创业团队的个体特征和背景等也会对其

---

① 苏益南. 大学生创业环境的结构维度、问题分析及对策研究[J]. 徐州师范大学学报（哲学社会科学版），2009，35（6）：117-121.

② 蔡莉，崔启国，史琳. 创业环境研究框架[J]. 吉林大学社会科学学报，2007（1）：50-56.

创业起到关键的作用。同时，高校体育专业学生创业的影响因素也不是一成不变的，它会随着时间和环境的变化而变化，我们要结合当前的现实情况和存在的问题，进行进一步的研究分析，从而有效提高创业的成功率。本研究基于创业过程理论，就影响体育专业学生创业的具体因素展开研究。

第三节 研究结果与分析

和大样本假设检验调研中数据获取的方式不同，案例研究的目的是形成和发展理论，换句话说，理论是案例研究的起点和终点，因此，理论抽样的方式才是恰当和合适的。研究所选择的案例和其发现和扩展构念之间的关系及逻辑息息相关。因此，本研究进行案例选择的主要原则如下：选择的案例调研对象主要是在校期间开展创业活动的浙江省高校体育专业学生。

本次调研通过多种方式获取企业在创业过程中的各类数据资料，以便于确保案例数据的真实有效以及企业资料信息的可靠性。本研究主要通过以下四个步骤来收取相关的数据信息：①先通过互联网，对创业者创立的公司进行搜索，简单收集相关企业情况，对受访者有一个初步的了解；②进入企业进行实地调研，和创业者面对面地交流，在这个过程中，会一直保持联系，以便于进一步对访谈内容进行补充及确认；③在访谈结束后，将获取的相关资料、访谈录音结合蒂蒙斯模型进行分类整理分析，并得出相关结论；④将初步整理完的相关企业资料信息反馈给创业者，让其进行二次确认，以便于尽可能地保证所获信息资料的可靠性，降低主观理解偏差所造成的误差。

一、案例分析介绍

（一）陈同学创立杭州舒跑网络技术有限公司

陈同学是浙江大学高水平运动员，专项是标枪，有着长达11年的运动生涯。虽然是通过体育特招进入的浙江大学，但是她立志打破体育生不会读书的怪圈。在校期间，陈同学每年成绩都数一数二。在和陈同学面对面聊天的时候她说起，在刚进浙大的时候，她并没有创业的想法，之所以后来选择创业，是在大三阶段参加了"挑战杯"大学生创业竞赛活动，她说当时他们团队是由十几个大二、大三的学生组成，参加比赛的项目主要是一个路线制定的App，最后这个项目取得了较好的成绩，拿到了全国互联网专项赛的金奖，在后期被其他企业用150万元人民币收购，正因为如此，陈同学说她深深感受到了创业给她带来的乐趣，觉得创业比单纯的读书更加具有挑战，从此走上创业的道路。随后，她带领她的团队一起研发出了一个新的专门针对情侣的社交App，获得了"浙商创投"的资金，利用这笔资金再加上团队成员将自己在校期间所获得的奖学金凑在一起租了办公房屋，创立了杭州舒跑网络技术有限公司。

有了创业的想法，那就要开始捕捉商机。陈同学提到，国家46号文件出台后没多久，在考虑做体育到底要做哪方面内容时，她把体育分为了三个大类：①大型的IP。但去国外球队买个球星并对其进行包装，这对于刚开始创业的他们而言是不切实际的。②运动场馆、场地。但在当时，零基础的他们不可能花几百万元去投资一个场馆，这样会大大增加他们的资金负担。③人和服务。因为陈同学自己本身出自市队的青少年培训基地，对此相对熟悉，且在求学期间，陈同学多次兼职担任过中考体育的教练，有着丰富的经验，因此，陈同学团队将"青少年运动"作为切入点。

在捕捉到良好的商机后，陈同学和她的团队开始整合一系列创业需要的各种资源。陈同学最大限度地利用自己的专业优势，清楚地知道最专业的人在哪里，能够整合最优秀的资源，尽可能地去反馈运动员们，为他们提供力所能及的帮助，同时也能更好地规范青少年体育培训市场。

资源的整合主要依靠一个优秀的团队。根据陈同学提供的资料，她于2015年9月成立杭州舒跑网络技术有限公司，并担任其CEO一职。在组建创业团队的过程中，她说到她整个团队成员的年龄基本在二十二岁到三十五岁，主要包括了海归资深技术专家、营销达人和全国知名体育教练等。该公司在线上以名师公开课、社区分享为主导，线下则严控课程培训和其教育质量。在经营"跃动客"时，陈同学带领她的团队通过与体育局、高校队伍、体育院校等展开合作交流，聘请国家队、省队和高校的退役知名运动员做教练，主要课程培训内容包括各种球类运动、轮滑、游泳、跆拳道等。在教学方式方法上，按年龄划分成多个班级，采取小班化教学，只要有一个人报名就开班上课，人数一旦超过10人，就变成2个小班，不断吸纳优秀的教练员以保证良好的教学培训质量。目前，跃动客聘请精英讲师凌鹭辉，主攻亚足联五人制和沙滩足球；篮球技术指导是浙大男篮总教练潘德运老师；聘请国家网球队教练於金星、羽毛球世界冠军获得者王琳、前国家队游泳教练陶嵊以及浙江大学田径队主教练张春晓等作为该团队的优秀师资力量。

平台也会通过举办线下体验活动进去社区，吸引新的用户。另外，"跃动客"青少年培训与杭州市的健身场馆以及多所中小学都有着合作关系，学生在放学之后，在该场地进行体育锻炼。陈同学说她创立的杭州舒跑网络技术有限公司成立后没多久，就获得了百万级的天使投资，并于2016年5月获得了千万级别的A轮融资这样优秀的成绩。公司现拥有学生3 000余名，实现单月平均100万～150万元的营收，公司估值大约在8 000万元左右。

（二）张同学创立鸿悦体育文化有限公司

张同学毕业于体育管理学专业，地地道道的宁波人，在宁波读书至今。在问及张同学为什么选择创业时，张同学回答道：首先，他认为这是一种经历，他想在宁波留下自己创业的痕迹，感受创业的热情和氛围，同时，也希望自己在这个过程中不断地完善自己，充实自己，使自己更加优秀；其次，身为体育生的他，除了自身喜欢，想要与兴趣为伴之外，也清楚知道文化和体育本身就是一个相辅相成、相互交融的关系，文化服务于体育，同样的体育也反映着文化。文体不分家，这是一种常态，这也是他当初选择体育文化传媒方向的重要原因。另外，张同学还说也是希望能够给母校一个反馈，实现自身的价值，成为更好的青年创业家。

张同学的公司是在 2014 年注册的，名为"鸿悦体育文化有限公司"，当时的注册资本是 200 万元，主要产品是体育赛事活动的策划、赛事传媒等。目前该公司的估值大概在 600 万～800 万元。公司现在有员工近 70 人，合作的单位有近 20 家，举办过大小活动近 80 场，年营业额在 1 000 万元左右。

（三）周同学创立宁波江北飞步体育用品有限公司

周同学毕业于运动训练专业，篮球运动员。当初创业的灵感和机会的捕捉是从导师那里获取的。他身为运动员，知道鞋子对于体育生而言是非常重要的。在为鞋子穿戴者提供舒适性的前提下，传统的鞋具的主要作用是减弱外界各种刺激条件对运动者足部的影响，更注重支撑稳定性和在运动过程中产生的缓冲性能。在人类直立行走或跑跳的进化过程中，足部和下肢的功能不再是固定的，这种现象的存在会对足部和下肢的本体感觉系统以及其神经肌肉系统协调控制作用等机能造成过度的保护，有可能导致其本体感觉和运动控制功能开始逐步退化，增大了运动员在运动过程中出现运动损伤的风险的可能性。于是，周同学和导师一起设计出了一款不稳定结构的鞋具。这种鞋底结构的改变，可以有效地刺激人体本体感觉和下肢肌肉的活动强度，在一定程度上增强了运动者身体的平衡能力和能量消耗量。

在访谈中了解到，周同学带领的创业团队创立该公司的动机主要是以下两点：让没有时间锻炼身体的人变得健康，让健康的人更健康。随着生活压力的越来越大，更多的人没有时间、没有精力，忙于工作、忙于生活，导致他们没有时间去锻炼身体。而他们所打造的产品就是让每一个在走路的人潜移默化地加强他们的身体机能，从足底给到反馈，让每一个人越走越健康。周同学说他们品牌主攻方向是运动科技类产品，目前拥有已获得国家专利的自营品牌 RUSIBAN 健步仿生跑鞋，是一款根据运动人体工程学，专门研发生产的健步仿生鞋底，具有按摩肌肉、修复损伤的功能。

宁波江北飞步体育用品有限公司当时的注册资金是 50 万元，周同学说从鞋子的模型到生产的整条流水线均由他们公司自己完成,2017年10月注册公司到2018年7月,都在进行设计,鞋子真正开始销售是在2018年7月,近半年时间内公司每个月盈亏基本是持平,大约在2万元。截至本次调研,公司正式团队有5人,还有一些兼职人员参与其中。公司目前主要设有网上淘宝运营、鞋子设计、线下市场三个部门,另外,鞋子制造工厂在东莞市。

(四)冯同学创立金华凤鸣体育策划有限公司

在走访了解冯同学时,他说在2011年,他还是大一新生,在那个时候就时常帮着家里推销一次性淀粉餐具,后来在一次偶然的机会下,在和学院团委老师聊天的过程中,他了解到北京体育大学和上海一些体育院校的学生做体育策划风生水起,这让他第一次萌生了转行开办体育策划公司的想法,他说这也是他创业识别捕捉商机的起始。

冯同学和龚同学都是体院的学生,开体育策划公司有着自身的优势,但体育策划的商机究竟有多大呢?在创业初期捕捉商机的过程中,冯同学说他们刚开始时也是很迷茫,不知道该如何定位,然后就时不时地跟广告公司的朋友聊起这个话题。也是机会正好到来,当时可口可乐公司准备举办浙江省高校篮球赛,朋友便拉上他一起接下了这个项目,他说这是他们创业的前奏。

2012年3月,金华凤鸣体育策划有限公司正式挂牌成立,以体育赛事运营和体育用品销售作为公司重点经营产品。一个优秀的公司离不开优秀的团队建设,倪同学和林同学分别以总策划、财务总监的身份加入团队,4个好兄弟共同努力,公司业务也源源不断。创业初期的他们,一起集资20万元人民币注册成立该公司。2年后,公司有6名正式员工,月营额达14万元左右。到2016年,注册资金为500万元,且发展成为营业额达300多万元的成熟公司。截至2018年,公司有正式员工25人。

在谈及公司主要经营产品时,冯同学说该公司主要经营产品有:承接体育赛事活动,组织开展各类体育培训等全方面体育服务项目,主要是为高校、企业单位、政府部门、社区等各类群体打造趣味运动会、企业年会、公司拓展培训等提供全方位的文体经营活动；后期还推广一些非体育类项目，其中包括员工家庭日、广告代理、企业宣传策划等项目。

冯同学提到，他们公司采用三角平台商业模式，一为适龄健康人群，采取提供奖金吸引参与的推广方式，力求提高品牌知名度与活动参与度；二为各高校、企业、社区及团体；三则是第三方赞助商，通过为其主办策划大型活动赛事来节约其时间、人力成本以达到组织方目的。

（五）郭同学创立杭州造风电子商务有限公司

"95后"的郭同学在本次调研进行时是浙江大学运动训练和创业创新特色管理强化班的在读大三学生，却已成功拿到两轮600万元融资，是浙里云的创始人兼CEO，成为浙江大学最年轻的创客之一。而郭同学说到为什么选择创业时，认为创业只因为个人兴趣，与他自己所学专业没有关系。

客户、市场需求的增大推动了"闲置经济"的火爆发展。第一，互联网产业从PC端向移动端迅速迁移，App逐渐取代传统的跳蚤市场成为人们交换二手闲置信息的首选渠道。第二，共享经济的盛行成为一种风尚，人们对共享经济理念越来越认同得益于拼车、快车、顺风车、共享单车等共享经济产品的出现和发展。在过去，国人的消费心理多偏向于爱面子，在当前这个消费升级的全新时代，这种心理开始逐渐动摇变化，二手交易消费理念逐渐走向成熟。

郭同学说到，他自己本身是一个电子产品发烧友，在求学期间买过许多的二手电子产品，也因此尝试了许多网上的闲置物品交易平台，但在这个过程中，他发现这些平台的安全性很难保障，买卖交易也不方便。他想既然自己这么了解这片市场，为什么不做一个更好的产品出来呢？在捕捉到这个商机后，郭同学依托浙江大学如火如荼的创业氛围和自身对闲置品市场的看好，从大二开始，经过详细的市场调研和试运营，"云格子铺"正式诞生并一路高歌，从发布网页版到移动版1.0、2.0、2.5版本，主要目的是创建一个基于固定圈子的个人闲散物品交易+社交平台，希望与可靠的人进行交易,解决闲置商品给学生带来的烦恼,并且在交易的过程中找到志同道合的人做朋友。同时,郭同学的创业团队理念是"创造价值,追随年轻"。

通过访谈了解到,郭同学在求学期间加入学校社团,因一个偶然的契机,他萌生了请马云来浙大做演讲的想法,并且付诸行动。他跑了三个校区,拍摄了一百多个浙大学子,做了整整一晚上的视频,随后独自闯进了阿里巴巴总部大楼,只是为了见马云一面,也因此结识了一群志同道合的伙伴,慢慢组建成了一个团队。而后来阿里巴巴的CTO王坚博士对郭同学他们的关注是一个转折点。王坚说:"你们请马云是一件很有意义的事情,但不是一件伟大的事情,作为国家未来的希望,你们该把时间花在一些更实在,更有创造性,更加长远的事情上面。"谈话之后,郭同学的团队开始考虑转型,组建成一个真正的创业团队。

通过访谈录音结果,整理出以下资料信息:云格子铺是浙里云开发的产品,是一整套交易系统平台,主要发布闲散商品供在校大学生这个最主要的服务群体进行商品交易。郭同学很自豪地告诉我说,他们公司在试运营的一个月内,其云格子铺项目就已经拥有近4 000个浙大用户,其中有一大半同学都是自愿实名认证,完成了272单交易,交易额为35 246.06元。到2014年,"杭州造风电子商务有限公司"注册成功,同年底拿到100万元的天使轮融资,当时公司估值在一两千万元。半年后,又拿到preA轮500万元融资,项目估值超过3 000万元,截至本次调研,几轮融资总计约950万元。而目前,该公司处于a+轮阶段,累计用户一百五十万,年销售额一千余万元,其中仅浙大学生每个月的闲置品线上流水交易即达到50万元。当然,该公司还设有线下实体体验店,主要是闲散物品的展示、销售、售后维修以及寄存售卖,给予用户线下体验的便利。目前,公司全职员工约三十人,这个社交平台在一年时间,从一个学校开始覆盖到目前江浙沪二百八十多所高校,且确保卖方一定是在校学生,注册用户已有二三十万,日交易量一百多万元。

（六）案例基本情况汇总表

表 5.1　案例基本情况表

姓名	专业	创业时间	公司名称	主要经营产品
陈同学	公共事业管理	2015.9	杭州舒跑网络技术有限公司	"跃动客"青少年培训课程、体育赛事策划等
张同学	体育管理学	2014	鸿悦体育文化有限公司	活动策划、赛事传媒等
周同学	运动训练	2017.10	宁波江北飞步体育用品有限公司	体育运动科技类产品设计研发
冯同学	体育教育	2012.3	金华凤鸣体育策划有限公司	体育赛事运营、体育用品销售、各类体育培训等
郭同学	运动训练	2014	杭州造风电子商务有限公司	闲置物品交易、社交平台

注：表格根据调研访谈内容整理。

二、影响因素分析

针对高校体育专业学生创业的实际情况和在创业过程中存在的问题，结合国内外学者关于高校学生创业影响因素研究的理论框架和文献资料，本研究以蒂蒙斯的创业过程理论为基础，将高校体育专业学生创业的影响因素分为创业商机、创业资源以及创业团队三大部分。

（一）创业商机

创业商机作为创业整个过程的内核，是创业过程的开端，创业过程的实质就是对商机的追踪、识别以及捕捉的过程，通过识别商机来为市场创造或添加具有新价值的产品或者服务。创业商机主要由市场需求、市场结构、行业规模以及商机来源四个部分构成。

1.创业商机各案例分析

①陈同学公司客户的消费方式是以季度为收费时间节点，且客户忠诚度较高，在客户可到达性方面，陈同学认为难度系数较大，但是他们的消费增值能力极强。"跃动客"是朝阳产业，青少年体育培训行业是一个需

求规模较大的品类，首先，得益于政策优势，我国体育产业的目标是将在2025年总规模超过5万亿元，这势必将给青少年体育培训市场带来可观的发展契机和空间。其次，民众消费意识更加的开放活跃，在过去，大多数家长将各类文化课以及音乐、书法、舞蹈作为孩子兴趣培训的主要选择。在近几年，社会经济发展，市民消费水平提升，对健康的重视程度也大大增强，加上二胎政策的颁布，青少年体育培训市场迎来了春天。

在创业初期，跃动客坚持快速精准的营销推广，全面覆盖杭州的中小学，推广App的使用；中期则是通过城市复制、与政府的合作向全浙江进行战略推广；后期则将积极发展大数据，从而进行精准的运营，提高跃动客的品牌知名度，并且渗透到其他的针对K12群体产业中去。根据中投网公布的数据显示，2020年，中国体育教育与培训行业总产出为2 023亿元，占体育产业总产出的7.4%，其中，体育教育与培训行业增加值为1 612亿元，占体育产业增加值的15.0%。目前，我国青少年体育培训市场规模约为1 205.1亿元，占体育培训行业的59.5%；参与体育培训的城市青少年人数超过2 100万人，以7~12岁青少年为主；参与体育培训的年人均消费为5 738.4元。体育培训业的引致消费（如，购买装备的消费、参赛费用以及家长陪同参赛的费用等）约为883.1亿元，消费乘数为0.789。[1]因此，跃动客的市场细分程度相对较高。

就目前而言，与跃动客有合作关系的所有校区都实现了营利，净利润大概在30%。其营利模式主要为三类：第一类是自营项目收入，主要是跆拳道和棋类等对场地要求不高的项目；第二类是合作项目返佣，如足球、篮球等；第三类是运动"衍生品"，主要包括在终端平台下单时附带的采购运动装备、保险等附属收入。在商机获得来源方面，陈同学认为以前的职业和工作对其影响还是非常重要的，客户、市场的需求、社会接触以及合作者也较为重要，其他网络资源也是商机来源之一。

---

[1] 中投网. 未来5年中国体育培训行业发展预测分析［EB/OL］.［2022-11-16］. http://www.ocn.com.cn/touzi/chanye/202205/yxnji31120252.shtml.

②张同学公司主要工作方向是文化传媒,在客户的消费方式上一般采取预付与次付并存,他认为该公司的客户忠诚度相对较高,且消费能力也相对较强。在市场结构上,属于相对较为成熟的市场,认为其公司进入行业壁垒程度较高,壁垒形成原因主要是规模经济和相关政策的影响。文化传媒作为传媒行业的延伸扩展领域,利用现代传播手段来促进不同文化之间的交流融合,简单来说就是通过电视、网络甚至广播报纸等媒介看世界。总的来说,它对全球一体化有一定的促进作用,在当前社会,其竞争程度较为激烈。产业信息网的研究报告显示,新旧媒体两极分化愈来愈明显,行业变局进一步尖锐化得益于媒介技术的不断进步发展。"旧媒介"主要包括报纸、期刊和广播,近年来,其传播综合效率和影响力出现"断崖式"下跌,面临严峻的挑战,其中,报纸的销售总量不断下跌,从另一个角度来看,说明与互联网息息相关的新兴领域开始不断快速发展。[①]体育作为当前社会的热门领域,关注的人越来越多,因此,体育文化传媒的发展空间还是较大的,只不过实现产业升级需要一定的时间。

该公司截至本次调研基本实现营利,利润空间每年上浮5%~8%,净利润在20%左右。张同学认为,在他们获得商机的来源中,以前的职业工作、客户和市场的需求对其影响非常大,网络资源、社会接触、合作者也占较大比重。

周同学公司产品的顾客的消费方式是按次付费的,但可能因为是新兴品牌,市场细分程度相对较低,加上懂运动人体工程学的人不多,因此顾客的忠诚度较低,消费能力也一般。当前,越来越多的人开始进行体育运动和日常健身,由于传统鞋具的主要作用是减弱外界各种刺激条件对运动者足部的影响,更注重支撑稳定性和在运动过程中产生的缓冲性能,这种功能的存在有可能导致本体感觉和运动控制功能开始逐步退化,增大了运动员在运动过程中的运动受损风险。因此,该产品的研发诞生具有强大的

---

① 产业信息网. 2021年中国传媒产业发展趋势[EB/OL]. [2022-11-14]. https://www.chyxx.com/industry/202202/995284.html.

产品竞争优势，它拥有全新的健康理念、先进的恢复方式，同时也满足了人们对美的追求。

③目前宁波江北飞步体育用品有限公司有着属于自己的生产线，研发产品设计—出让设计—第三方生产均是自己完成，他们还有自己的辅助运营模式，即通过线上、线下以及定向合作的渠道来销售产品，同时建立其自身品牌文化及形象。该公司目前收益主要分三个部分，产品设计价格20万~30万元/件，附带销售抽成10~15元/件，还有辅助运营收入，年终营业额大约维持在200万元（净利润）。在商业机会来源上，周同学指出其创业商机主要来源于客户、市场的需求、社会接触以及合作者。

④金华凤鸣体育服务策划有限公司的顾客消费方式均为一次性付款，顾客的可到达性和忠诚度相对较高，同时也有着较强的消费增值能力。该公司属于相对成熟的市场参与者，采用三角平台商业模式，一角为适龄健康人群，采取提供奖金吸引参与的推广方式，力求提高品牌知名度与活动参与度；第二角为各高校、企业、社区及团体；第三角则是第三方赞助商。因此，该公司进入市场时遇到的行业壁垒程度较低。该公司的主打产品属于朝阳产业，具有强大生命力。朝阳企业能够促使技术突破创新并以此带动企业快速稳定发展，其市场前景较为广阔，商机较多。冯同学指出在获取商机的过程中，以前的职业、网络资源对其影响一般，客户和市场的需求、社会接触是商机的主要来源，合作者也能在共同创业的过程中带来一部分商机。

⑤郭同学注册的杭州造风电子科技有限公司致力于打造以固定圈子为基础的个人闲置物品社交平台，目前覆盖江浙沪二百八十多所高校，确保卖方一定是在校学生，其客户消费均采用一次性支付的消费方式。客户和市场需求的扩大推动了"闲置经济"的火爆发展。因此在发展潜力上，还是较为可观的，但也因为中国的二手交易市场处在一个起步阶段，目前行业的竞争程度较大。在谈起天使轮100万元的融资时，郭同学一直觉得像冥冥之中的巧合。郭同学抱着学习的心态去了一场在上海举办的O2O行业峰会现场，在台下与身旁的人聊起了台上展示的项目，另外，郭同学有个

习惯,不管走到哪里,都会随身带上"云格子铺"项目企划书,两人聊到尽兴时,郭同学将自己的项目与之进行分享。不曾想,那人正是上海青松基金的投资人。"你的项目我投了,100万元",当投资人现场说要立马投资他的项目时,郭同学回忆说:"像被幸运之神撞了下腰"。郭同学认为以前的职业、工作对于他们创业过程中商机的获取影响并不是很大,反而,最为主要的商机来源是客户、市场的需求和网络资源。

2. 创业商机因素比较

在创业商机捕捉前期,大学生在创业方向的选择上多是偏向于自己感兴趣的领域,选择一个自己熟悉的行业是正确的。在商机的识别开发过程中,高校体育专业学生首先要做的就是找准商机,明确自己创业的方向。因此,应该优先选择国家鼓励发展的行业,尤其是选择朝阳产业,充分地关注、利用和享受国家的出台的各类优惠政策。创业商机通常源于没有被明确界定的市场需求,或是还没有被开发利用且关注程度较低的目标客户资源或能力,创业者在创业准备阶段需要做的就是利用自身的创造力和机会识别能力去挖掘捕捉和选择可靠的商机,收集分析相关情报资料,开发核心商品,量身定做市场策略,迅速地确立市场地位,获得消费者认可。本章认为,创业商机主要是来自改变、混乱或是不连续的状况,其中改变主要包括技术、公司自身、公司所处市场以及相关政策的改变,因此,本章认为商机主要来源于市场、客户需求及政策等宏观环境的变化、各类网络资源、产业自身生命周期的变化以及技术变革。

表5.2 创业商机因素比较

公司名称	市场需求	市场结构	行业规模	商机来源
杭州舒跑网络技术有限公司	以课程服务为主,按季度收费,客户忠诚度高且消费能力强	市场较成熟,细分程度和进入行业壁垒程度较高,但当前竞争程度较弱	朝阳产业;员工人数60;均实现营利,净利润30%左右,公司估值8 000万元左右	以旧职业、市场客户需求、社会接触和合作者为主

续表

公司名称	市场需求	市场结构	行业规模	商机来源
鸿悦体育文化有限公司	客户消费预付与次付并存，消费能力较强	市场较成熟，进入行业壁垒程度和当前竞争程度较高	员工70人；利润空间每年上升5%～8%，净利润平均20%，公司估值在600万～800万元	以以前的工作职业、市场客户需求为主
宁波江北飞步体育用品有限公司	次付为主；客户忠诚度低，可到达性和消费能力一般	新兴市场，进入行业壁垒程度和当前竞争程度较高	正式员工不足10人；每月盈亏基本持平	市场客户需求、社会接触为主
金华凤鸣体育策划有限公司	以次付为主，客户忠诚度和消费能力较强	市场较成熟，进入行业壁垒程度低，竞争力一般	朝阳产业；员工数近30人；年营业额达300多万元	市场客户需求、社会接触为主
杭州造风电子商务有限公司	一次性支付方式，客户忠诚度一般，但是可到达性和消费能力较强	市场较成熟，当前行业竞争程度较强	员工30人；融资总计950万元；每单收益在10%～15%，年利润200万元	认为和旧职业工作关系不大，以市场客户需求、网络资源为主

注：表格根据调研访谈内容整理。

（二）创业资源

创业者在创业准备阶段识别并捕捉到创业潜在商机后，要致力于把创业想法变成现实，获取创办企业需要的相关资源。根据蒂蒙斯创业模型，创业资源作为创业过程中的必要支持，是创业者捕捉商机、谋求企业利益的基础，对于创业者而言，在公司设立阶段，关键在于实现资源和他所识别捕捉到的商机之间的匹配，即当他创造出一个想法或者意识到一个潜在的有价值的商业机会后，就需要开始收集并合理整合实际开办一家企业所需的创业资源。而创办一家新企业所需要的资源包括财务、资产、人力资源、国家政策以及学校相关平台文件等。

1. 创业资源各案例分析

①陈同学公司资金来源基本是风险投资，他们目前拥有自营门店，还有租赁的场地，有时候租下商场的中庭，把其改造成篮球场，或在商铺开

门店和操房，因为这样可以比租专业体育场馆便宜得多，省下不少成本。在人力资源方面，陈同学团队实现了包括导师、各专项的运动健将、实务界人士等多学科交叉、多背景融合。公司拥有全职教练近 40 名，进行系统的备课，还有数名兼职教练，其教学水平等方面都经过严格把关。因为陈同学身为体育生的专业优势，在人力资源获取这方面有优势且较为容易。

②张同学公司在资金方面，20% 来源于团队成员，剩下 80% 来源于贷款和风投。目前其公司一半以上的资产都是公司自己配备的，例如公司办公空间、传媒过程中需要用到的各类设备等。在人力资源方面，一般都是通过合作推荐或者应聘获得。

③周同学公司 60% 的资金来源于自己本身，40% 来源于团队，他指出目前公司刚起步，还没有其他公司来进行风险投资，而自己投入的资金也是来源于家里。目前该公司拥有自己的办公室，鞋具的 3D 模型打印机器以及产鞋工厂等。由于技术支持需要，模型打印成本较大，也较难获得。人力资源方面，该公司有鞋子设计员、淘宝线上运营员、线下销售员等，还有部分兼职，主要是同学、好朋友。周同学参加过学校举办的挑战杯、互联网+比赛、体彩杯职规大赛等创业比赛，这些比赛给他提供了创新创业的展示舞台；另外，学校还有创咖、创业园、创业一条街等，为他们提供创业的办公环境，在场地的租赁上也给予了相对的优惠政策。

④在创业过程中，冯同学指出公司资金来源主要是团队投入，约占 40%，剩下自己投入和贷款风投分别占 30%，其中最难的是自己资金和贷款风投的获取。目前该公司的资产基本都是通过购买形式获得，其所销售的体育用品不是自己生产的，是从其他地方购买来的，利润相对不大。在人力资源方面，前期成员是自己的同学、好伙伴，后期成员则是慢慢通过招聘获得，获得的难易程度上适中。

⑤公司在创业过程中，郭同学自己大约投入资金为 50 万元，团队投入少许，剩下都是风险投资，几轮融资下来共计约 950 万元人民币。目前，有形资产主要是电脑等办公设备，包括三四十台电脑以及相应工位等其他办公设备；无形资产主要包括商标、专利等十多个著作权，主要是通

过采购以及向国家相应机构申报获得。公司目前团队成员均是来自浙江大学和中国美院的"90后"本科生。包括程序员、设计师、运营组等等，且所属专业有运动训练、经济实验班、法学、管理学等等，专业的互补给团队创业带来了很多优势便利。作为"浙江大学创业联盟"、创新创业学院开设的创新与创业特色管理强化班的学生，郭同学提到在创业设计教学环节往往会通过小组的形式来设计实战性的创业方案。期间还参加过"蒲公英"、挑战杯等创业比赛，而学校为了方便同学们在校创业，特意建立了NEO SPACE 元空间，这是一个非常不错的提供给学生创业的一个孵化平台，大概有 800 平方米。实践基地采用全开间、开放式的设计方式，其中约有 120 个工位，每个团队大概是半张长桌，四到六个座位，在功能区块上包括创业团队办公区、公共会议（展示）区、创业团队交流区等等，为在校生从创业点子团队到相对成熟的创业项目团队提供了很好的创业实践的平台和空间，同时也免去了学生在校外租房的烦琐和风险。

另外，在走访的过程中了解到，浙江大学设立有创业扶持基金，争取将国家和地方政府提供的创业扶持资金，如天使融资、风险投资机构等，与学校创业者创建的创业团队进行对接，在浙大学子创业者和社会创业资本之间搭建桥梁。浙大聘请数百位知名企业家和创业专家担任学校的创业班导师，为学生提供创业实战经验，创建健全的创业辅导体系。截至 2018 年，创业孵化基金已超过 5 000 万元。浙大平均每年设立近千项科研项目供浙大学子选择研究，并且通过举办"挑战杯"创业计划大赛、蒲公英创业大赛等各类创业比赛，丰富学生的创业经验，培养良好的创业氛围。另外，"紫金创业元空间"基金设有创新创业奖，每年评选 1~2 次，共奖励 50 个团队左右，分别按 2 万、1 万、0.5 万元三个级别进行奖励；还设有国际交流奖，每年评选入驻创业团队、创业类学生组织和社团的负责人或核心成员 10 名左右，每人资助 25 000 元，参加元空间的暑期美国创业教育实践活动。这给创业的学生提供了相当好的学习机会和平台。

宁波大学设有创新创业学院，创业班采用"3+4"培训模式，"3"即"三阶段实战式培养体系"，分别是在创意激发阶段、创业实训阶段以及培育孵化阶段，开展针对性的培训，这三个阶段滚动开放，学生完成前一阶段的学习且经过考核合格之后，便可进入后一阶段的学习。"4"即"四平台拓展性创业实训项目"，学生参加创业讲座、创业沙龙、创业大赛以及创业路演等四类创业实践活动。创业班学员可以享有较多的创业福利，比如，学员优秀项目将被列入校级创新创业项目支持，后续在注册公司的时候可享受学校的补助，有机会参与知名企业创业实训项目，学校定期组织投资人对项目进行资金扶持。另外，优秀项目可以优先入住1986创梦园或地方产业园等等。此外，学校也会定期举办一些创业比赛，如"挑战杯"和"体彩杯"职规大赛等，给学校学生提供创业的平台，在这个过程中展现自己，学习创业经验，了解公司运作模式，开辟获得更为优秀资源的渠道，提升自身的创业竞争力。

2. 创业资源因素比较

在创业初期，资金来源相对单一，多为内部融资，如创业团队自身资金、家人朋友提供资金等。高校体育专业学生创业项目资金相对有限，家庭和亲友等关系亲密的人若支持创业，创业者除了精神支持外也许还能获得创业所需的资金、社会的经验、市场信息以及合作伙伴等多种资源，在很大程度上可以提高创业者的主动性。外部融资主要包括天使资金、风险投资、银行贷款、政府基金、股权融资等等。学校开设创业园、孵化器等为创业团队提供合适的场地和办公设备等，减少学生在创业初期的成本，学生可以节省一定的资金以投入公司的运营中，这无疑在很大程度上促进了公司的快速发展，提高了他们的创业成功率。

除了创业资金，良好的创业氛围也会滋养着公司并孕育创业者。从中国的创业环境来看，政府只有不断出台落实相关创业优惠政策，鼓励大众创业，新创企业才能获得更多的人力资源、贷款投资等资源。创业者通过定期上网查询相关新政策的出台情况、加强政策信息获取的及时性，可以使创业少走许多弯路。

当然，除了政府、学校举办的各类创业大赛之外，创新创业学院、创业培训班等也给学生的创新创业提供了一个良好的展示舞台，让他们在创业过程中享受乐趣，即使困难重重也无所畏惧，激发他们创业的热情和精神动力，形成百折不挠的意志，同时也有机会获得相关的外部融资。

表5.3 创业资源因素比较

公司名称	财务（资金）	资产	人力资源
杭州舒跑网络技术有限公司	以风投为主	门店自营+租赁场地	导师、各专项的运动健将、实务界人士等等
鸿悦体育文化有限公司	贷款风投为主；团队占比低	公司设备由公司和员工一人一半的方式配备	合作推荐、应聘者
宁波江北飞步体育用品有限公司	创业者自身占近60%，团队40%	产鞋工厂、鞋具模型打印机器等	设计者、运营员、销售员、部分兼职
金华凤鸣体育策划有限公司	团队40%，创业者自身和风投各30%	体育用品是购买形式再销售，非自己生产	前期是同学、伙伴，后期是招聘
杭州造风电子商务有限公司	风投为主，自己投入约50万元，团队投入少许	有形：电脑办公设备无形：商标、专利等十多个著作权	均是来自浙大和中国美院的"90后"本科生，含程序员、设计师、运营组等

注：表格根据调研访谈内容整理。

（三）创业团队

创业资源的合理配置需要一个强有力的创业团队去执行创业计划。一般来说，公司的成长关键在于创业团队，创业团队主要由创业带头人和团队的素质这两大关键因素组成。这个创业团队要保持对潜在商机的敏感度，只有保证团队在创业过程中对所需资源的管理工作和公司产品服务机制契合得更加严丝合缝，才能更大限度地保证新创企业在创业管理过程的实效性。

Robbins认为在企业中采用团队形式至少可以有以下几个方面的作用：①能促进团队的团结合作，提高公司成员士气；②使创业带头者有更多的时间进行战略性思考，把部分问题留给创业团队自身去解决；③提高公司运筹决策的速度；④促使创业团队队伍的多样化；⑤提高团队和组织的绩效。[①]

[①] 武勇. 优秀的创业团队是创业成功的法宝［J］. 改革与战略，2006（7）：100-101.

表5.4 创业带头人需具备的素质比较

	学习指导能力	领导能力	抗压能力	正直、可靠、诚实的个人品质	对商机的执着程度
陈同学	5	5	5	5	5
张同学	5	5	5	5	5
周同学	5	5	5	5	5
冯同学	4	4	4	5	5
郭同学	4	4	4	5	5

注：表格根据调研访谈内容整理。

陈同学、张同学、周同学均认为作为创业带头人，必须要具备以下几点特质：学习指导能力，领导整个团队的能力，在面对困难挫折时的抗压能力，正直、可靠诚实的个人品质以及对商机的敏感和执着程度，这几个特质在创业影响因素研究中非常重要。其中，冯同学和郭同学认为正直、可靠诚实的个人品质，以及对商机的敏感和执着程度，比带头人学习指导能力、领导团队能力及抗压能力更为重要。

蒂蒙斯在其创业理论中提出，创业团队的形成和发展，成团成员走到一起的方式都各不相同。创业团队形成往往是机缘巧合，有的来自同一片地区，有的可能因为兴趣爱好相同，有的可能因为在一起工作过。在本章所研究的案例中，在创业初期团队的形成中，2个创业团队是大学同专业同学，1个是参加学校社团志趣相同，2个是同学和朋友一起创业。而在创业后期，基本都是通过招聘获得其他相应岗位的工作人员，也有少数是邀请朋友或是通过融资获得的企业合伙人。

表5.5 创业团队需具备的素质比较

	教育经历	工作经历	敬业、决心、恒心	对风险、不确定性的容忍度	创造力	适应能力	对商机的执着程度	团队之间的沟通能力
陈同学	3	4	5	5	3	5	4	5
张同学	3	5	5	5	4	5	5	5
周同学	2	2	5	5	5	5	5	5
冯同学	3	3	4	4	4	4	5	5
郭同学	3	3	4	5	4	5	5	5

注：表格根据调研访谈内容整理。

其次，对于整个创业团队素质，他们均认为团队成员要敬业、有决心有恒心，且在面对各类风险和不确定性因素时需要有较高的容忍度，面对各式各样的环境、困境有适应能力，对商机的执着程度和目标导向应当明确，对顾客需求需要有敏锐的认知，此外，团队成员之间的沟通能力对团队在创业过程中能否快速、和谐、优质地达到创业目标也是非常重要的，因此是必须具备的，且对创业的影响非常大。相反，他们认为教育经历、工作经历对于团队在创业过程中的影响力占比不大。

总的来说，在整个创业过程中，创业带头人和团队都十分重要，不可或缺。因为一个人的能力毕竟是有限的，不管他在某个行业多么优秀，但都不可能具备所有的经营管理经验，例如顾客经验、产品经验和创业经验等，人多、资源多，点子也就多，在创业过程中，人际关系占据着重要比重，人际关系网络在一定程度上可以帮助创业者成功创业，而这种人脉关系通过创业团队的组建形成可以得到强化，大大提高了创业成功的概率，这便是团队的优势。

创业者的首要能力是学习能力，创业者的个人能力对创业有很大的决定影响。在当今时代，知识更新速度快，创业带头者需要拥有良好的学习指导能力，否则，若公司停滞不前，将轻易被当代社会所淘汰。创业者要懂得用逻辑思维能力去分析比较，并综合应用所有的知识进行归纳总结，最先察觉市场变化并且在解决问题时走出套路，创新地去解决所面临的问题，这样才能更好地在市场上胜出。本研究中的创业者都是体育专业学生，而体育专业学生因自身专业特征，拥有更为顽强的意志、过人的胆识，勇于冒险、敢于承担风险和吃苦耐劳的精神，具有乐观自信、外向型的性格特征。因此，这也是高校体育专业学生成功创业的优势之一。

另外，作为创业团队的带头者，必须要拥有良好的组织协调能力和领导能力，有带头领导能力的创业者能够在创业的过程中得到团队成员的信任，能够激励团队成员更努力地投入工作，也能够带领团队解决各种各样的困难，发现问题，解决问题。这可以很大限度地实现团队成员之间功能的互补，因为在整个创业过程中，创业者及其团队面对的是市场上的各类消费者，他们必须不断地和人、其他集体以及社会组织交换相关信息，从中获取他们在创业过程中想要了解掌握的资料，如当前客户、社会市场的需求，并且搜索获取创立企业所需要的资源。因此，团队成员之间的沟通能力和人际交往能力也是其必须具备的特质，多元化的团队将充分发挥各自的专长，这样才能取信于人、与人合作，使自己处于一个有利的市场地位。

第四节 高校体育专业学生创业过程中存在的问题

一、学生创业意识较薄弱

我国高校体育专业学生因其自身的特征，时间和精力大多花费于学校文化学习和专项训练以及参加各种比赛上。在正常情况下，大多数的高校体育专业学生一般都会选择以学习和训练为主，创业活动或创业比赛较为费时耗力，加上每天高强度的训练也让体育专业学生对创业的热情大幅度降低。另外，体育专业同学的知识学习多是和自身专业息息相关，说明他们在自身专业方面有着良好的专业文化素质和专项技术的优势，但同时也由于对创业方面的知识没有进行系统和完整的学习了解，导致其创业知识结构欠合理，综合的文化素质还有待提高。

体育专业学生绝大多数时间都是待在校园这个相对封闭的"象牙塔"里，其网络关系主要是同学关系，师生之间也是以教与学为主，而创业活动从本质上来说是以经济利益为核心的商业活动，高校体育专业学生创业知识结构欠合理，缺乏对创业机会的深刻认识，更缺少商业实践的机会。正是因为这种情况的存在，导致跟社会创业人士相比，高校体育专业学生广泛存在创业意识低，对商机的发现和捕捉能力弱的情况，缺乏对市场、商业规矩、组织管理等方面的基本创业知识。

二、创业政策法规不健全

浙江省是我国经济较为发达的省份，虽然相继发布了一些鼓励大学生创业的优惠政策文件，但目前政策内容不全面，在学校的宣传推广力度也相对有限，缺乏一个专门的机构来统筹和执行相关的政策文件。

高校体育专业学生社会经验不足给他们创业带来了很多的隐患，相关政策无法在他们创业的过程中提供强有力的法律保障。加之体育专业学生创业意识相对薄弱，导致他们对鼓励其创业的政策关注度也相对低下，认知度不高。

三、创业资源的来源不稳定

创业需要大量的资源，其中包括"硬资源"和"软资源"。硬资源通常由资本金、原料、房屋、办公设备等构成；软资源则主要是指技术，人才和社会人脉。体育专业学生因社会关系较为单一，导致其创业所必需的资金来源单一，且大学生缺少可供抵押的资产，贷款手续繁杂，因此，创业之初大多只能依靠亲朋好友筹集资金，除了缺乏资金积累、资金来源的不稳定，更缺乏社会经验和人脉资源，技术和员工是企业存在的基本条件，加上社会资源譬如社会人脉也并非一朝一夕就能获得，往往需要一个不断积累的过程，这也严重阻碍着他们成功创业。

除此以外，校园虽设有创业孵化器，在高校学生创业的过程中为其提供创业的场地以及基本办公设备和后勤设施，但是资源有限，在数量上无法满足目前所有学生的需求。

第五节 本章结论及建议

一、结论

高校体育专业学生有自身执着向上、敢于承担风险、吃苦耐劳的精神优势，当然，也存在相对的劣势，如创业知识贫乏、创业能力较弱、创业意识薄弱等。高校体育专业学生开展创业活动可以缓解和改善国家就业压力，同时也是推动国家经济发展的有效途径之一。

首先，根据蒂蒙斯创业模型，将高校体育专业学生创业的影响因素归为商机、团队以及资源三点。创业过程是创业者在最初萌生出一个创业想法，并通过整合资源、创建团队，将其发展成为具有核心竞争力的可持续发展的成功企业的一个过程；是商业机会、资源、创业团队三者之间相互促进、螺旋上升的过程；是一个不断积累的、不断学习的过程。

其次，在创业准备初期阶段，创业过程的重心在商机的开发上，高校体育专业学生创业的影响因素主要是创业兴趣和学生创业者对商机的识别捕捉能力。高校体育专业学生创业者因为缺乏创业资源和创业团队而处在一种极不平衡的状态，而解决问题的关键在于学生利用其自身的创造力和对商机的识别能力去捕捉好的商机，要保持对商机的敏感性；在创业设立阶段，高校体育专业学生创业者收集获取实际开办一家企业所需要的资源，并将其进行整合配置，其中包括信息资源、财务资源、创业资金、人力资源等。而这个过程仍然是一个不平衡过程，创业者必须迅速获取和整合创业所需的一系列资源，使资源和商机相匹配，从而保持商机、资源和团队三个内核的平稳；而在最后的成长阶段，关键在于创业团队的形成和弹性融合，在这个阶段，商机的开发已经进入实质性阶段，且创业资源也日渐丰富，因此高校体育专业学生创业者的工作重心在于吸引更多优秀的创业伙伴，建立运作优秀的创业团队，从而最终实现创业过程中商机、资源、团队的动态平衡。

最后，创业的成功与否主要取决于对商机的识别和捕捉、创业资源的合理配置，而创业商机和创业资源的获取整合离不开社会网络的发展和延伸，社会网络能力和创业主体能力之间的关系又是相互制约、相互促进的，在整个创业的过程中，创业主体的能力就是创业者及其创业团队的能力，起着至关重要的作用。创业者都必须不断维持商机、资源和团队三个要素之间的平衡，蒂蒙斯创业模型把市场、客户的需求、市场的结构与规模大小、利润高低等作为创业商机的判断依据，高校体育专业学生主要依赖于自身的专业技能优势和部分资源去发现并捕捉可靠的商机。创业团队的弹性融合和高度团队凝聚力是创业者成功的必备条件，能够促使创业商机与资源在创业初期阶段更好地融合匹配。蒂蒙斯认为，一个优秀的创业团队少不了一个扮演参与者和引导者双重身份，且拥有敏锐商机意识、能有效收集创业资源并且建立优秀的创业团队的创业带头者。

二、建议

第一，引导高校体育专业学生提高自身创业能力。要挖掘好的创业商机，寻求创业资源首先其需要提高自身综合素质，高校除了课堂教学，还要在实践环节中引导学生树立自信心，培养良好的创业意识和创业精神。高校体育专业学生要有意识地积极拓展自己专业知识、各项能力、经验以及心理素质等方面的创业的综合素质，高校体育专业学生在在校期间的各类学习中储备知识，拓展知识的深度与宽度，打好专业知识和其他文化知识的基础，培养其自身独立的思维能力，多方位地去观察问题并有效解决问题；在社会实践中提升个人能力，通过参加不同创新创业培训课程和各类创业比赛中来丰富积累创业经验，磨炼心智，利用互联网的各种渠道仔细甄选市场信息，从而识别真正的商机；积极参加校内社团活动，提升自己的交际能力，广交朋友可以锻炼高校体育专业学生的口头表达能力、沟通能力，在这个过程中认识志同道合的创业伙伴，组建创业团队，优势互补，还可以培养日后创业团队的合作精神，增强团队成员的凝聚力。

第二，完善高校体育专业学生创业相关配套政策。创业政策的本质目的是刺激创业，作用是减少创业的不确定性。虽然国家和浙江省制定了许多高校学生创业的相关优惠政策，但是其可操作性不高，执行力度也远远不够强，导致很多高校体育专业学生并没有切实享受到政府颁布的创业优惠政策为其提供的帮助和扶持。因此，相关部门要切实解决相关创业优惠政策所触及的细节问题，保证这些创业优惠政策得以落实。同时，要加强对高校体育专业学生自主知识产权的保护。由于在相对封闭的"象牙塔"中，高校体育专业学和社会接触较少，在一定程度上缺乏创业的社会经验和人生阅历。因此，国家和地方政府要加强对有关知识产权保护的各种特殊政策的颁布，严厉打击侵犯知识产权的行为，监管机制要监督落实创业政策，切实维护高校体育专业学生创业者的自身利益。除此以外，在创业准备阶段，高校应注重培养校园的科研氛围，可邀请著名的企业家、创业家作为创业导师，在高校分享其创业经验并指导体育专业学生开展创业活动，同时，可以设立各种创业沙龙、创业比赛，构建一个创业交流分享平台，指引和帮助高校体育专业学生加强对创业各方面知识的学习，开阔眼界、加强自身的创业技能和创业经验，培养其创业意识和创业精神。

第三，积极完善高校体育专业学生创业融资体系。首先要增加财政专项经费的投入，鼓励民间资本参与创业支撑系统，引导社会风险投资支持高校体育专业学生开展创业活动，建立创业项目，同时，创造更具广泛性、更多层次的融资体系，吸收并接纳地方政府、高校和社会机构等各界力量，加强与企业的合作，在企业中找到创业的接口，拓展校企合作渠道，带领学生走出书本，走进创业实训等实践中，让企业为高校体育专业学生提供良好的创业平台；尽快设立大学生创业专项基金，同时最大限度地发挥政府在资源配置中的职责，加大地方政府对高校体育专业学生创业所需经费的支持力度，切实解决其在创业过程中资金不足的问题。

结论　新时期浙江省体育产业高质量发展的对策与建议

一、提升体育制造业附加值，推动体育服务业创新发展

从当前浙江省体育产业结构来看，制造业依然占据了极高的比重。从具体数据来看，除了传统的体育类纺织品外，体育制造业产品集中在赛（游）艇、轮滑鞋、乒羽网球（拍）、户外健身器材等方面，尽管产品类别丰富，也在全球多个国家的市场中占据了相应的份额，但仍处在价值链的中低端，在品牌和技术附加值方面有着较大提升空间。在体育服务业方面，与体育产业发展较快的地区相比，浙江省体育场馆服务、体育教育与培训等类别的总产出、增加值以及占比都有着明显的差距。因此，提升体育制造业的产品附加值、拉动体育服务业的创新发展，无疑是实现浙江省体育产业高质量发展的主要任务。在这一过程中，浙江省的数字经济优势可以成为重要抓手。在体育制造业发展中，应在相关企业中逐步引入以数字信息技术、人工智能技术为核心的现代工业共性科技系统，为制造业企业数字化转型升级提供业务方案一体化服务，推进制造商互联网平台支撑体系建立与运用及推广，有效改善体育制造业全要素连接与资源优化配置，完成体育制造业企业的生产技术创新与经营管理模式的数字化转型。在体育服务业中，

可借助数字技术完善公共体育场馆服务体系，分步骤在全省打造全局、可视、易管的智慧体育场馆系统，同时，推进体育教育与培训服务的线上转型，通过构建平台提供机构详情、培训内容、家校互通、体测报告等服务，帮助体育培训机构构建数字化核心动力。通过以上融合发展的方式，赋予体育制造业新的附加值，带动体育服务业全面创新，助推我省体育产业的高质量发展。

二、融入区域发展特征与优势，呈现区域体育产业特色

体育产业发展具有极强的区域资源依赖性，因此，产业的区域协调发展是实现高质量发展的重要环节。习近平总书记深刻指出，新时代区域协调发展即是发展平衡和不平衡的辩证统一，要在尊重要素向优势区域集聚的客观规律下促进相对平衡发展。以此为参照，尽管在"十三五"期间，浙江省各市在体育产业发展过程中基本形成了"举办赛事—特色小镇—体育产业平台引进资金"的体育产业发展模式，且这一模式在初期促进了当地体育产业的飞速发展。然而，浙江省各市在借鉴其他区域体育产业发展成功经验的同时，并未充分利用各区域经济基础和区位优势，导致了各地区体育产业的地域特色、区域影响力和带动力还不够强。在"十四五"发展阶段，各地区应当根据自身区域优势进行改革创新，制定适合自身的体育产业发展模式，在积极打造体育产业基地平台引进外部资源的同时，引导各类区域体育市场主体和社会组织加入具有区域特色的体育产业发展中，力求实现《浙江省体育改革发展"十四五"规划》中提出的打造杭—嘉—湖"体育数字与智能创新都市圈"、杭—甬—绍—舟"时尚赛事与消费创新都市圈"、温—台—金"体育智造与贸易创新都市圈"、衢—丽"体育生态与旅游创新都市圈"等凸显区域特色的产业发展目标。

三、明确区域体育产业发展目标，加强政府部门政策引领

体育产业政策是由各地、各级体育相关政府部门通过科学规划而制定

和发布的体育产业相关政策法规，是政府引领体育产业高质量可持续发展的重要手段，对当地体育产业发展具有引导和监督的作用。因此，体育产业政策的内容往往会具有较强的前瞻性、引领性和系统性。从研究结果来看，在"十三五"时期，浙江省大部分市区都制定了自身的体育产业政策，这些规划目标明确的区域的体育产业体系相对完善，区域性指标的完成度更高，其中，杭州市、温州市、宁波市的"十三五"体育产业发展区域性目标和区域性指标都超额提前完成。而缺乏自身的体育产业政策的区域，体育产业发展相对滞后，往往也存在着目标不明确、地域特点不突出的问题。因此，在"十四五"发展阶段，各地区需要完善和持续推进体育产业政策引领，加大政府引导和支持的力度，在继续保持区域体育产业基本盘的同时，不断优化地区体育产业结构、突出地域体育产业特征，为实现浙江省建设"共同富裕示范区"和"体育强省"的目标打下良好基础。

四、充分利用亚运机遇，提升省域产业联动发展

尽管杭州亚运会因疫情原因延期举行，但"延期窗口期"无疑为更好谋划亚运会在提升全省体育产业发展、促进省域产业联动等方面的功能实现提供了时间。亚运会的赛事组织和管理部门可以充分利用这一阶段，在完善亚运场馆建设、运营团队入驻以及全民志愿服务行动等工作的同时，研制出台《杭州亚运会推进全省体育产业发展行动计划》，实现亚运惠民与赛事筹备同频共振，将赛事的延期成本变现为全省居民的亚运红利，强化杭、绍、甬、温、湖、金六大城市合作联动，按照新的举办周期，重新调整赛前、赛时、赛后三大时间节点的项目部署，同时，依据不同地区举办项目的差异性，提前谋划和实施"后亚运"文章，力求实现杭州亚运会的筹办、举办、赛后三个阶段与浙江省"十四五"体育发展重要时间节点方面的匹配与覆盖，全面优化提升我省体育发展的环境和基础设施，将杭州亚运会打造为"一赛带动全省""以赛促进民生"的全国大型赛事举办样板。